呉服橋
越後屋

【図説】江戸の旅

名所図会の世界

深光富士男

河出書房新社

目次

『都名所図会』が当たり、名所図会ブームに火がついた 4

本書で取り上げた21作の名所図会 8

第1章 秋里籬島の名所図会〈畿内編〉 10

当時の出版界に新風を巻き起こした秋里籬島

『都名所図会』／『拾遺都名所図会』 10

『都林泉名勝図会』 20

『花洛名勝図会』 26

『大和名所図会』 28

『和泉名所図会』 34

『摂津名所図会』 38

『河内名所図会』 48

第2章 秋里籬島の名所図会〈街道編〉 52

街道周辺にある名所をピックアップして解説

『東海道名所図会』 52

『木曽路名所図会』 58

『播磨名所巡覧図会』 64

『和泉名所図会』より

第3章 寺社参詣の名所図会 66
詣でて観光もできる寺社への旅をナビゲート

『伊勢参宮名所図会』 66
『厳島図会』 74
『金毘羅参詣名所図会』 80
『善光寺道名所図会』 84

第4章 江戸名所図会 88
今も江戸研究に欠かせない名所案内の名著

『江戸名所図会』 88

第5章 その他の国の名所図会 102
名勝地や古跡、特産品が興味をそそる地方版

『紀伊国名所図会』 102
『尾張名所図会』 110
『阿波名所図会』 118
『讃岐国名勝図会』 120
『淡路国名所図会』 122

あとがき 126

『摂津名所図会』より

『都名所図会』が当たり、名所図会ブームに火がついた

『都名所図会』嵐山 法輪寺 渡月橋

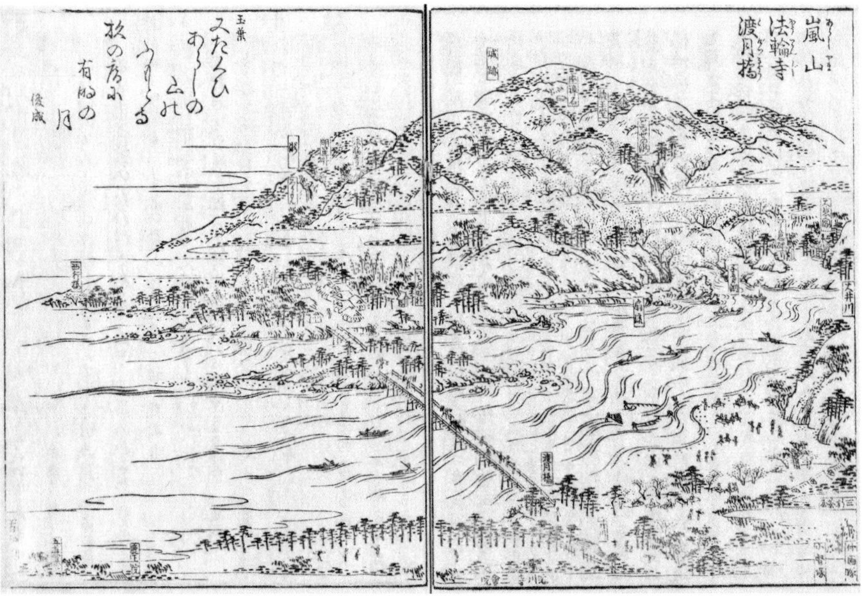

今も観光地としてにぎわう京都の嵐山。絵師の竹原春朝斎は、シンボリックな渡月橋を中心に置き、墨1色でも鑑賞にたえる写実的な名所絵にした。

名所図会の嚆矢は、1780（安永9）年に刊行された『都名所図会』（6巻6冊）である。著者は京都在住の秋里籬島（りとう）で、板元も京都の書肆・吉野屋為八だった。『都名所図会』は類書にないスタイルが評判を呼び、短期間に4000部を売り、増摺を重ねていった。

それまでにも物語仕立ての名所記や専門的な地誌など、さまざまな類書が刊行されていた。後発の『都名所図会』は、既刊の類書より大きなスペースをとり写実にこだわった挿絵、多彩な情報提供、読みやすさなどをセールスポイントとする新戦略を打ち出し、見事に「当てた」といえる。

最大のウリは、なんといってもワイドに広がる写実的な挿絵（名所絵）にあった。『都名所図会』のサイズは、今のB5判くらいの「大本（おおほん）」と呼ばれる、当時としては大型を採用している。その本文のあいだに、見開き2頁にまたがる名所絵を数多く入れた（つまり、本書の見開きサイズに近い！）。読者は大きな名所絵に誘われ、現地の遊覧気分が味わえるという趣向だ。ワイドな名所絵は、それぞれ鑑賞用の絵画としても楽しめる。ここまで大がかりな視覚重視の名所案内書は、既刊の類書にはなかった。

6巻にもおよぶこの大型企画を実現させるため、秋里籬島は大坂の絵師・竹原春朝斎（竹原信繁）と実際の名所へ取材に出ている。元手のかかる出版に乗り出した板元の吉野屋も大勝負に出たものだが、重責を担った春朝斎は、吉野屋と籬島の期待に充分に応えたといえる。

春朝斎の挿絵は、今のドローン映像のような鳥瞰図が多い。複数の人物を描きこんだ絵も秀逸で、登場する人々は、総じて脳天気と思えるほど陽気に生き生きと描かれている。旅人や現地住民の生活や風俗を発見する面白さもあり、見知らぬ場所なのに親近感をもたらしてくれる。寺社や山河、街道の風景、店先などに行き交う人たちを眺めていると、だれでも旅心をくすぐられてしまうだろう。

春朝斎は、ひとりですべての名所絵を描き切り、全巻のビジュアル統一も果たしている。卓越した構成力で数多くの名所を見開きでみせる春朝斎の画力は、それまでの名所記や地誌の挿絵を上回るリアリティを

『拾遺都名所図会』高瀬川

高瀬川は資材運搬のため角倉了以により開削された運河で、1614（慶長19）年に竣工。運搬には高瀬舟が用いられ、上流に運ぶ際は人が船を引いた。春朝斎はその様子を、橋を渡る人、川で洗い物をする人、立ち話をする人を交えて描き、見る者を飽きさせない。

読者にもたらした。

名所はその昔、「などころ」といわれていた。歌枕として和歌に詠まれた名高き地名が名所であり、架空の地が詠まれることさえあった。歌枕に用いられた名所は詠み人の心象を伝えるためのもので、その地名はイメージとして人々に記憶されていった。和歌に詠まれた吉野山の桜や龍田川の紅葉が広く知られても、遠方に住む人の多くは、実景というより、歌から得られたイメージを頭に描いたのである。

その後、名所は、和歌のしばりから解放されるように解釈を広げていく。諸国の寺社や景勝地、古跡など、訪れることができる場所を名所というようになる。

江戸時代になると、名所はさらに拡大解釈され、観光色を強めていく。政情が安定し、街道や宿場が整備されて経済が上向くと、庶民も物見遊山の旅に出られるようになる。かつて「などころ」といわれた名所は、「めいしょ」と呼ばれるようになり、「いつか行ってみたい、あこがれの地」となっていったのである。

ならば当時の人々が、「名所といわれるところはどんなところなのだろう、現地を見てみたいものだ」と願うのは当然のこと。その願いに応えるように、写実性の高い名所絵をふんだんに掲載した『都名所図会』が刊行され、ヒットに結びついたと考えられる。

名所の観光地化を証明するように、『都名所図会』にはじまる数多くの名所図会には、大店（おおだな）などの有名店や特産品の生産現場、名物が味わえる食事処なども挿絵に数多く描かれるようになった（今見ると、発見が多くてとても面白い）。名所図会は、今の観光ガイドブックのはしりといっても過言ではないだろう。

『都名所図会』をヒットに導いた要因は読みやすくした本文にもある。俳諧師で著述活動も行っていた秋里籬島と板元の吉野屋は、『都名所図会』の読者ターゲットを女性や子どもに設定した。現地での取材情報や、故事、古歌、俳諧、類書からの引用を巧みに組み合わせて、適度に教養を盛り込みつつも、平易で読みやすくつくりこんだのである。籬島は博学ではあったが、学究肌というより編集能力に長けていた人のように思える。

既刊の類書からの引用は、本文中に多く見られる。当時も権利問題が発生する恐れがあったので、板元の吉野屋は引用した類書の版権を買い求める努力をしている。

その結果、幅広い層に受け入れられる名

所ガイド本ができた。教養書、旅行者向けの実用書というより、だれでも好きな頁を開いて読み物とビジュアル（挿絵）を楽しむことができる今のムックのような一般書としたことで、気楽に読んで学べる娯楽本にもなり、販売数を伸ばしたのである。

その反面、のちの研究者の評価はやや手厳しい。古歌や類書からの引用が多く、間違いや平易な文に書き直したことで派生した問題点などが指摘され、軽視されてきた一面もある。

しかし、『都名所図会』は江戸時代が身近に感じられる貴重な本である。まだまだ深掘りすべき書であり、重要版本としての価値はゆるがない。その後、名所図会刊行ブームも巻き起こしている。『都名所図会』の先駆的功績はとても大きいといえるのだ。評価の高い『江戸名所図会』も、『都名所図会』の刊行がなかったら、世に出ていなかっただろう。

『都名所図会』が当たったことで、籬島と春朝斎のゴールデンコンビは、7年後の1787（天明7）年に続編といえる『拾遺都名所図会』（4巻5冊）を同じ吉野屋から出した。挿絵では改良が見られる。『都名所図会』は大きな寺社の鳥瞰図が多かったため、似通った名所絵が続きがちだった。その合間に、祭りや芸能、歴史関連などの人物中心の絵を入れることでメリハリをつけ、バランスをとったようだ。

『拾遺都名所図会』では、人物を入れた挿絵の数をぐんと増やしている。身分や生活ぶりまで見える人物描写のバリエーションを増やしたことで、名所をさらに身近に感じさせる効果を生んだ。こちらも大ヒット。改良を成功させた『拾遺都名所図会』の刊行により、名所図会の制作スタイルはひとつの完成をみたといえるだろう。

こうして売れ線の定型が決まると、京都以外でも同仕様の名所図会をつくろうではないかという気運が高まっていく。

結果を出し名声を得た籬島と春朝斎は、1791（寛政3）年に『大和名所図会』を、1796（寛政8）年には『和泉名所図会』を刊行。その後も籬島は、畿内やその他の名所図会を次々手がけて出版していった。

さらに籬島はこの図会スタイルを生かし、『源平盛衰記図会』などの軍記物の図会にも手を広げて刊行している。

名所図会の定型が読者に浸透していくと、このスタイルをまねて出版する板元も現れた。名所図会刊行ブームの到来である。ブームは、文化・文政期ごろにいったん収束するが、その後、第二次ブームが起こり、幕末に至る。なかには、明治時代、昭和になって刊行された名所図会まである。

ところで「だれでも楽しめる」とはいえ、『都名所図会』は草双紙と比べるとかなりの高額本だった。高くて手が出なかった庶民は、貸本屋から借りて楽しんだ。幕末の貸本屋資料によると、名所図会の借り賃は草双紙のおよそ3倍とそれなりに高かったようだ。それでも借りて読む人が引きも切らなかった。読者の拡大は、貸本屋の存在も大きかったのである。

本書では、21作の名所図会を選び、5章に分けて紹介していく。本書は実際の名所図会の大本サイズに近いB5判の本である。オールカラーとしたので、墨1色摺とはいえ当時の版本に近いディテールまで鑑賞していただけるのではないだろうか。

江戸時代の名所絵といえば歌川広重の錦絵が想起されるが、明らかに名所図会を種本として描かれた作品がある。本書に掲載した名所図会の挿絵から、錦絵の名所絵にはない魅力を感じ取っていただけたら望外の喜びである。

『江戸名所図会』平村 平惟盛 古墳

『江戸名所図会』は、1798（寛政 10）年に出版許可を得てから刊行に至るまで 40 年近くかかった。編纂は神田の町名主で、斎藤幸雄、幸孝、幸成の三代にもおよんでいる。長谷川雪旦がすべての挿絵を担当。この絵は、現地取材の様子を描いている。しゃがんで筆を走らせている剃髪の男が雪旦で、そばに立つ男は幸孝か。当時の取材現場を伝えてくれる貴重で興味深い絵である。

本書で取り上げた21作の名所図会

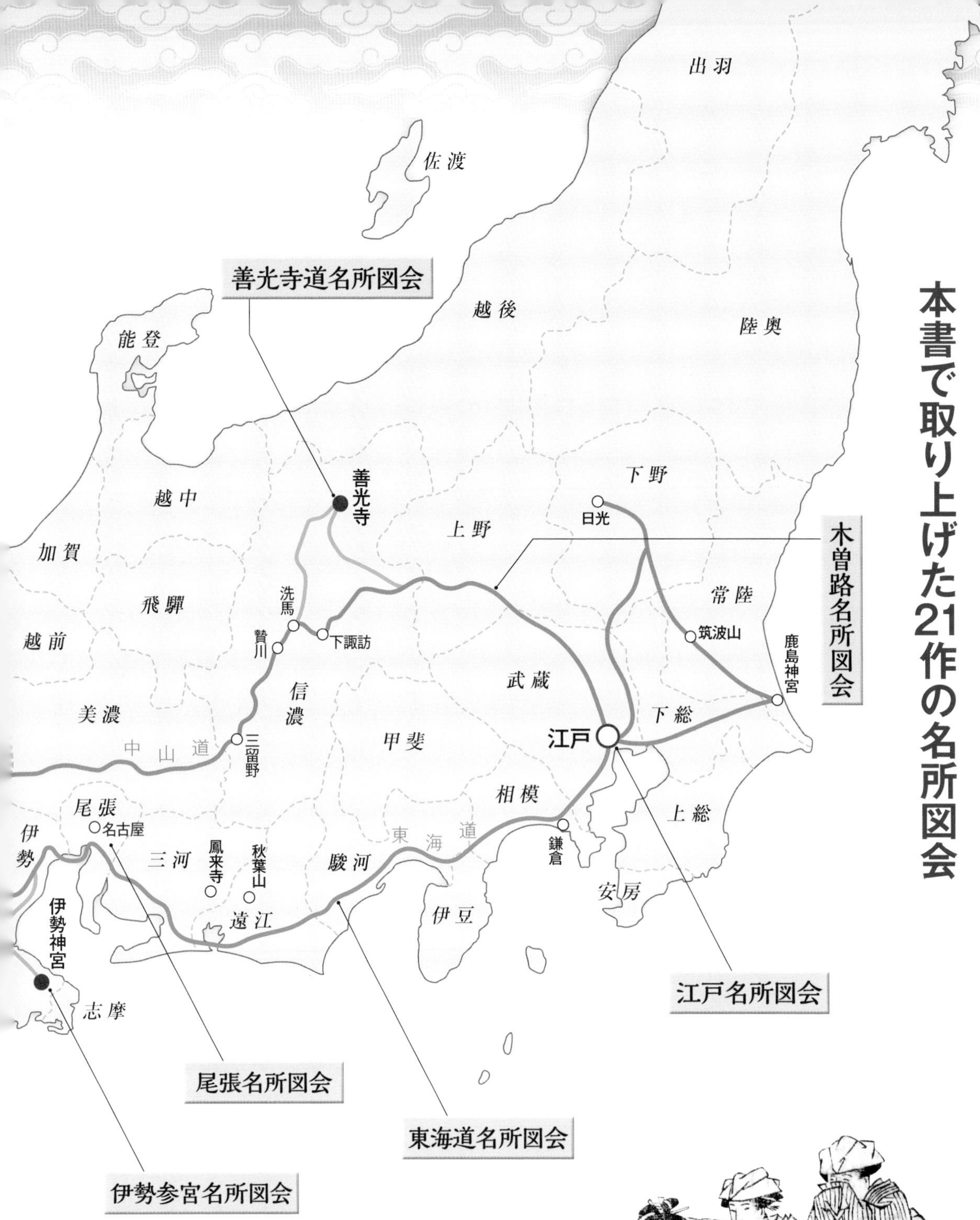

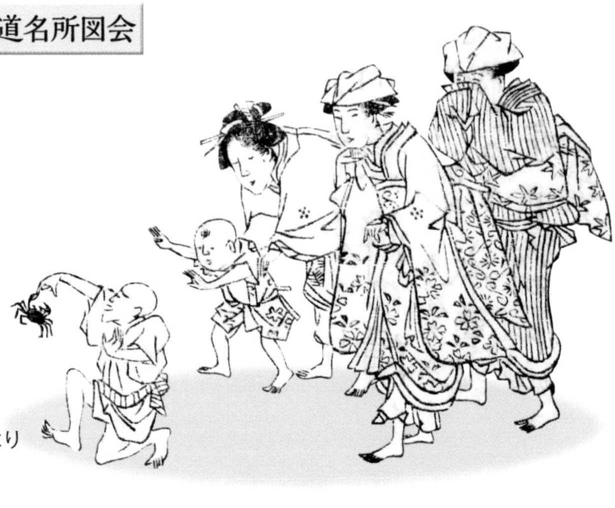

『江戸名所図会』より

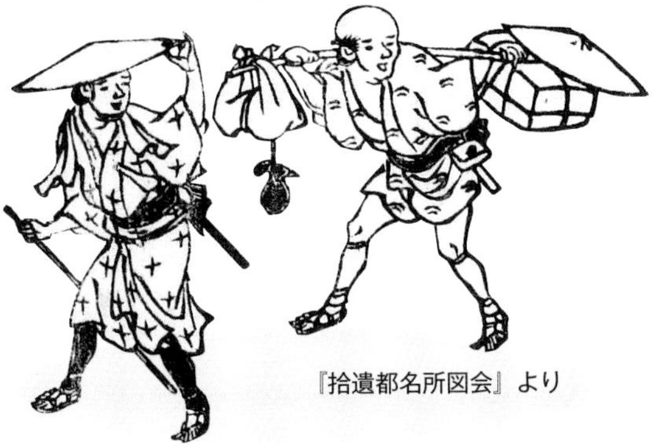

『拾遺都名所図会』より

都名所図会
拾遺都名所図会
都林泉名勝図会
花洛名勝図会
金毘羅参詣名所図会
摂津名所図会
播磨名所巡覧図会
厳島図会
隠岐
丹後
若狭
出雲
伯耆
因幡
但馬
近江
石見
美作
丹波
京
草津
備後
備中
播磨
赤穂
嚴島神社
安芸
下津井
備前
摂津
山城
伊賀
兵庫
大坂
長門
周防
河内
堺
奈良
淡路
和泉
高松
金毘羅大権現
讃岐
大和
徳島
和歌山
豊前
伊予
阿波
土佐
紀伊
豊後
日向
淡路国名所図会
大和名所図会
阿波名所図会
讃岐国名勝図会
和泉名所図会
紀伊国名所図会
河内名所図会

第1章

当時の出版界に新風を巻き起こした秋里籬島

秋里籬島の名所図会

畿内編

『都名所図会』『拾遺都名所図会』『都林泉名勝図会』
『大和名所図会』『和泉名所図会』『摂津名所図会』
『河内名所図会』（『花洛名勝図会』）

『都名所図会』／『拾遺都名所図会』

著者・秋里籬島と絵師・竹原春朝斎のコンビが生み出した最初の名所図会

江戸時代には諸国の名所記や地誌が数多く出版され、旅人が携帯できる旅行ガイド本なども出回るようになった。こうしたジャンルの版本需要は三都で高く、なかでも京都関連の書は人気があり、新作のみならず旧作も売れ続けた。『都名所図会』は、京都本乱立の様相を呈していた1780（安永9）年に初版を刊行。既刊の類書を凌駕するヒット作となった。

成功の要因は、戦略的な制作スタイルに見られる。精緻で写実的な名所絵を多数掲載。これを最大のウリとして、本文は和歌や俳諧を織り込みながら、あらゆる名所情報を平易にまとめあげたのである。見て読んで楽しく教養が得られて、名所に行った気分も味わえる。通俗的ではあるが、サービス精神に満ちたこの新しい名所案内書は当たり、当時の出版界に新風を巻き起こした。

書名にある「図会」とは、「ある種の図画を集めたもの」を意味する。1712（正徳2）年刊の著名な絵入り百科事典『和漢三才図会』からイメージして「名所図会」と題したと思われる。『都名所図会』は、大本・6巻6冊。著者は俳諧

奴茶屋（やっこちゃや）

京都と大津を結ぶ大津街道の途中にあった休憩所（立場）でのひとこま。この「奴茶屋」は室町時代に、弓術に長けた片岡丑兵衛（うしべえ）という勇猛な奴が創業したという。籬島は本文中に「その頃は諸国の兵乱にて街道も往き来の人希なり。その虚に乗じて盗賊ここかしこに起こり、旅人を悩ますこと数しらず。丑兵衛見るにしのびず弓箭（きゅうせん）を帯（たい）し、かの盗人等を討ち亡ぼし」と記し、この場所に自ら茶店（さてん）を開き「つねに弓矢を携へて」旅人を送迎したと解説している。春朝斎は、これを物語る武器が飾られている店内や、忘れた槍をあわてて取りに戻る槍持ちなどを描き、平和になった時代をコミカルに伝える。狂歌は籬島の自作である（「舜福」は籬島の名）。

拾遺都名所図会

「弁慶の背くらべ石」。今も八瀬天満宮社（京都市）の石段脇にある。『都名所図会』より

師の秋里籬島である。挿絵は竹原春朝斎（竹原信繁）が担当した。板元は、京都の書肆・吉野屋為八。刊行後、短期間に4000部を売り増摺を重ねた。しかし当時は木版手摺である。摺師が増摺に励むたびに板木は摩滅していった。

そこで板元は、ロングセラーを見越して再刻を決意。籬島、春朝斎により、本文と挿絵の修正も行い、改訂新版を初版の刊行から6年後の1786（天明6）年に出した。その翌年には、この改訂作業と併行して制作を進めていた続編の『拾遺都名所図会』も刊行に至った。

『拾遺都名所図会』は、大本・4巻5冊。編著者、絵師、板元は変わらず、1787（天明7）年の刊行である。挿絵は、読者の要望に応えたのか、動きのある人物描写を増やしている。上の「奴茶屋」はそのうちの1点。大切な槍を忘れたうっかり者も見られるなど、旅先の一場面をのぞき見るような面白さがある。

『都名所図会』は、「都」と銘打ちながら山城国全域の名所案内書である。国別地誌の多くは群ごとで編纂しているが、本作は5つのエリアに分けた地域別で巻構成を行っている。巻之一と巻之二は中心部で、平安京を意味する「平安城」とし、巻之三から巻之六はその周辺を4つに分け、中国から伝わった四神の名を用いて「左青竜」「右白虎」「前朱雀」「後玄武」とした。『拾遺都名所図会』でも、この5区分を踏襲している。

音羽山清水寺

が流れ落ちている。和歌は権中納言俊忠の「けふこすは音羽のさくらいかにそと見る人ことに問ましものを」を掲載（『新勅撰和歌集』より）。籬島は本文で、ここは昔から桜の名所だったと解説し、開花時には「盃の数そひて、歌よみ詩つくりて、たはめる枝々に短尺むすびつけしも、春色の風流なり」と参詣者が酒や歌詠みを楽しんだことを記す。

春朝斎は「せいすいじ」とも呼ばれた清水寺を俯瞰して、やわらかいタッチで精緻に描く。名称を木札のように示していてわかりやすい。778年に開創と伝わるが、建造物は何度も焼失し再建されてきた。現在の本堂（国宝）は、徳川家光が1633（寛永10）年に再建したもの。欅の柱で支えて張り出る「清水の舞台」も見える。右下には今も変わらない三筋の「音羽の瀧」

壬生(みぶ) 隼社(はやぶさのやしろ)

と次々寄進したもの。現在は、左京区大原に移されている。春朝斎はこれらの名所を遠方に描き、手前の人たちにやさしい眼差しを向ける。右の男は、名産の水菜を収穫している。壬生産の水菜は美味といわれ「壬生菜」のブランド名で人気があった。左下では、ふたりの男が川で壬生菜を洗っている。水が冷たいので、桶に足を入れている。

のどかな田舎に見えるが、現在は二条城から歩いて行けるほどの都会である。右上の隼社（隼神社）は大社だったが、今は畑の中におさまる小さな祠になったと本文にある（明治時代に復興、大正７年に壬生椰ノ宮町に移祀）。左上の出世稲荷（神社）は、329本も立ちならんでいたという鳥居が目を引く。鳥居は江戸時代後期に、庶民が出世開運の御利益が得られる

(井堤里・玉川)

『都名所図会』の巻之五より。現在の京都府綴喜郡井手町に流れている「井手の玉川」が描かれている。六玉川のひとつで、ほかの川は、紀伊（和歌山県）の「高野の玉川」、摂津（大阪府）の「三島の玉川」、近江（滋賀県）の「野路の玉川」、武蔵（東京都）の「調布の玉川」である。古来、名所として知られた六玉川は、それぞれの名を歌枕として、あまたの和歌に詠み込まれてきた。「井手の玉川」の歌には、奈良時代の左大臣 橘 諸兄が川沿いに植えさせたという山吹や蛙（美しい声で鳴くカジカガエル）も合わせて詠み込まれることが多い。また、この川は水無川とも呼ばれるほど水量が少ない。このため、普段は絵のように歩いて渡ることができた。左の男は主人で、その右の男は下男か。ふたりはすでに川を渡り終えているようだ。運ばれた荷物も見える。下男は渡りはじめた3人の女性に声をかけている。「足下にお気をつけて」とか言っていそうだ。その右の女性は、夫人と娘ふたりか。その右は丁稚と見られる。みんなが脱いだ草履を棒に通している。

『拾遺都名所図会』の巻之四より。こちらは「井手の玉川」の水を利用した水車が描かれている。水量が少ない川なのに仕掛けは大がかりだ。川から引いた水は、左の「水トユ」（樋）から流して水車に注ぐ。水車の回転により「羽車」を回し、石臼も回転させる。画中の文に「菜種を挽き割り」とある。さらに石臼に取り付けた棒がふるいを回す。文には「もろもろの粉を震はせけり」とある。水車の左では、水車の中心部から突き出る「しんぎ」の回転により「つきうす」を上げては落とす。この動きで、昼夜を問わず精米ができる。

拾遺都名所図会

都名所図会

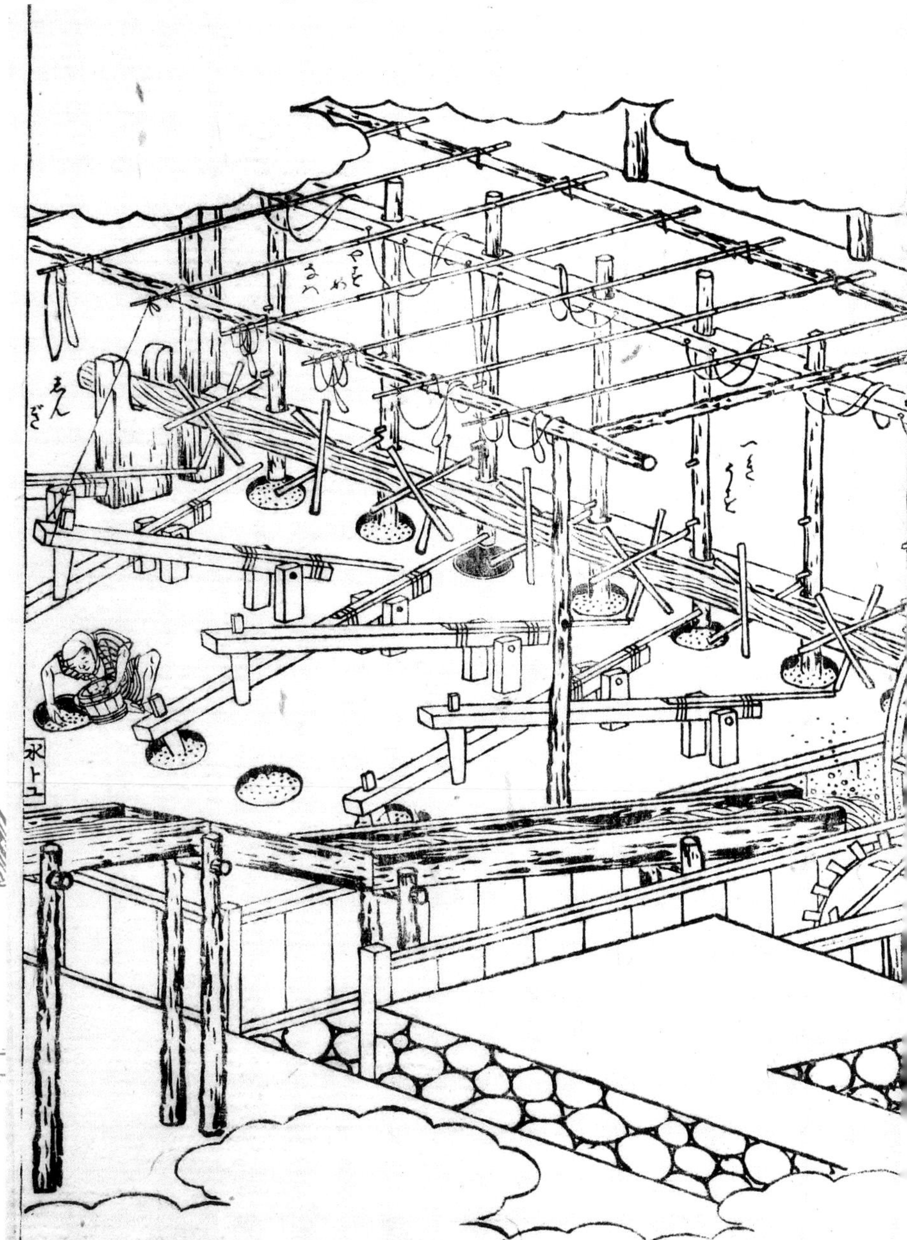

案内（あない）なくして羇旅（たび）の近道を行（ゆく）は好（このま）ざる事なり……（嵯峨（さが）大堰川（おおいがわ））

取（とら）る。殊更（ことさら）嵯峨大井川は石荒くして、浅く見ゆる所も足を入（いる）れば、転び倒れて溺るる事多し。これぞ遠慮なき時は近憂（きんゆう）あらんの誡（いましめ）なるべし」とある。旅人への戒めが伝わってくる。絵には杖を手にする案内人らしき男が見える。料金を払って世話になる旅人もいるが、天秤棒を担いで懸命に渡ろうとする男も見える。上部に見える遠回りでの橋渡りが安全である。

京都中部を流れる大堰川は全長 83㎞。地域によって名を変え、下流は保津川から桂川となり淀川に合流する。絵は嵯峨大堰川（大井川）を渡る人々を描いている。一見楽しそうに見えるが、川渡りは常に危険が伴う。流されて溺死する人もいた。右上の文に「案内(あない)なくして羇旅(たび)の近道を行(ゆく)は好(このま)ざる事也。雪解の旦(あした)、夕立の後(のち)、細谷川(ほそたにかは)のながれも水増りて渉(わた)るに足を

『都林泉名勝図会』

秋里籬島は京都の名所図会を成功させると、その後、大和、和泉、摂津、河内と畿内の名所図会を立て続けに刊行していく。その多忙な時期に、籬島は京都の名所図会の姉妹編ともいえる図会も著していた。好評を得た名所図会のスタイルをそのまま生かし、企画の切り口を変えて「京都の名庭園」をテーマに据え、新たな勝負にも出ていたのだ。それがこの『都林泉名勝図会』である。

本作は、5巻6冊（1巻は乾・坤の2冊）。1799（寛政11）年に刊行された。板元は、京都の小川多左衛門、吉野屋為八のほか、大坂と江戸の書肆も名を連ねている。

本作は洛中洛外の名庭園を約150点の挿絵入りで紹介。凡例には、作庭を解説した専門書『築山庭造伝』をもとにしたとあるが、造園技術にはふれていない。万人が楽しめる寺庭等の案内に徹しているのだ。『都名所図会』『拾遺都名所図会』の書き漏らしを補完する記事も意識的に配置し、籬島らしいビジュアル本に仕上げたといえる。

挿絵は、名のある京都の絵師3人（西村中和、奥文鳴、佐久間草偃）が担当。絵には落款が確認できるので、だれがどの絵を描いたのかが一目してわかる。中和はこの後、籬島に同行して『木曽路名所図会』（58頁参照）の絵をひとりで描き上げた。文鳴は円山応挙の門人。草偃は山水・花鳥画に秀でた円山四条派の絵師である。

描かれた庭園を現在の様子と比べてみるのも一興だが、すでに失われた庭園もある。当時の京都の名庭園を知る資料としても本作は貴重である。

大徳寺 方丈

大徳寺は鎌倉時代末期に開創された臨済宗大徳寺派の大本山。応仁の乱で灰燼に帰したが、その後復興され、現在の方丈（国宝）は1635（寛永12）年に建てられたという。西村中和が描くこの絵は、その方丈の上から庭園（大徳寺方丈庭園・特別名勝）を見下ろしている。禅宗寺院特有の枯山水で、江戸時代初期の名庭園として本作に紹介されている。右頁の方は白砂敷きが美しい南庭で、169世住職天祐紹杲の作庭という。左頁の方は東庭で、小堀遠州の作庭と伝わる。遠州は比叡山を借景とし、石組みの妙にこだわったようだ。右上に見える明智門は明治になって移され、今は聚楽第から移築された唐門（国宝）を見ることができる。

七夕（しつせき） 蹴鞠（しうきく）

本作の案内は京都の名庭園がメインだが、人々が集う屋外スペースにも目を向けていて編纂の柔軟性が感じられる。ここでは七夕の日に大勢の見物人を集めて開催された蹴鞠の行事を本文と挿絵で解説している。競技の専用スペースは「鞠庭（まりにわ）」と呼ばれたので、庭の紹介といえなくもない。約15ｍ四方のスペースをとった正式な鞠庭の四隅には、松や桜、柳、楓が植えられていた。鞠を地に落とさないで蹴る回数を競うが、受け渡す技や姿勢、鞠がえがく軌跡の美も重視された。蹴った音が心地よく反響するように、壺を地中に埋める工夫もなされた。闘魂より風雅が重んじられたのだ。この絵も中和の作。高く蹴り上げられた鞠と見上げる烏帽子の男たち、頬を緩ませて高度な技を楽しむ見物人たちの一瞬をうまく切り取っている。

（四条河原）夕涼　其二

6月7日から同月18日までの12日間限定で大にぎわいとなった。『都林泉名勝図会』では、ここも夕涼みの庭と広義にとらえたのか、挿絵だけで2見開きも載せている。この絵は「其二」。円山応挙の門人・奥文鳴の筆による。中州では飲食店や見世物が客を呼び、ごった返す。人々は暑さを忘れ、喜々とした面持ちで開放感に浸っている。左下が鴨川である。

盆地の京都は寒暑の厳しさで知られる。夏は蒸し暑く「たへがたい」と日記に記す旅人もいたほどだ。酷暑が続くと、夕方涼を求めて水辺に向かいたくなる。そこで飲み食いができて遊ぶことができれば言うことなしだ。祇園会の最中に毎年開かれた四条河原の夕涼みは、そうした人々の欲求を満たす納涼行事と化す。当時は鴨川の四条あたりに中州があり、旧暦の

角屋（すみや） 雪興（ゆきけしき）（島原）

料亭の役割も果たした。自ら遊女をかかえた江戸の吉原などの遊郭とは営業形態が異なる。絵を見てみよう。中央に見える大座敷には太夫がいて、大尽が煙管をくゆらせている。庭では 10 人の男女が雪を投げたり、雪玉転がしに興じたりしている。雪を積もらせた枝を広げる松は臥龍松（がりょうのまつ）である。多くの詩歌に詠み込まれ、広重や国貞の錦絵にも描かれた。

京都の夏は蒸し暑いが、冬になると打って変わって底冷えのする寒い日が続く。奥文鳴は、図会には珍しい冬の庭の雪景色も描いてみせた。ここは島原の揚屋として有名な角屋（現存し重要文化財）の庭である。島原は、1641（寛永18）年より公許の花街として栄えた。揚屋とは、教養を身につけた太夫や芸妓を置屋から派遣してもらい客に遊興をさせるところで、

『花洛（からく）名勝図会』

名所図会の嚆矢としてたたえられる『都名所図会』だが、名所や風俗、流行は年月を経ながら変化していく。本作は、籬島の制作からおよそ80年が過ぎ、今こそ増補改訂版を出すべきだと企画された「籬島著ではない京都の名勝図会」である。

書名は『再選花洛名勝図会 東山之部』とされることもある。大本・8冊。当初は6編が予定されていたが、2編目にあたるこの東山之部しか刊本に至っていない。

刊行は、幕末の1862（文久2）年。著者は大坂の暁鐘成（あかつきのかねなり）（木村明啓）（80頁、122頁参照）と京都の国学者・川喜多真彦（まひこ）である。しかし京都の郷土史研究家・竹村俊則氏は、例言、序文、跋（ばつ）文を読み解くと、京都町奉行所の与力・平塚飄斎が草稿を書いたと指摘。安政の大獄により蟄居を言い渡された飄斎が、謹慎中に筆をとったと推察されるのだ。筋が通っていて真実と思われる。

本作は詳細を究めていて資料性が高い。それだけに1編のみの刊行が悔やまれる。しかし幕末の動乱期に1編でも出版が叶ったことを良しとすべきか。暁鐘成の『淡路国名所図会』（122頁参照）では、同時期に全巻の初版刊行が見送られたようだ（明治時代に刊行された）。これも幕末混迷の影響か。

鐘成は1860（万延元）年（本作刊行の2年前）に取材のため丹波福知山に出かけたが、頼母子講の取り立てに窮する農民の頼みを聞き城主への嘆願書を代筆したことで投獄された。放免され大坂に戻ったが、その年に病死。毒殺説がささやかれている。真彦は明治維新の際に新政府軍に加わり、軍令を犯したとして桑名で惨殺された。

挿絵は、大坂生まれの松川半山と4名の絵師が担当した。半山は鐘成のほかの図会でも筆をふるい、『淡路国名所図会』の挿絵も描いている。

四條橋（しでうのはし）

鴨川にかけられた四条大橋（祇園大橋）。石柱の板橋で、本作刊行の6年前に完成。籬島の名所図会にはなかった増補情報である。夏には付近の四条河原で、22・23頁（『都林泉名勝図会』）のような夕涼みが行われていた。

大佛鐘楼

『都名所図会』に描かれた方広寺大仏殿は、落雷で1798（寛政10）年に大仏とともに焼失。秀吉の遺志を継ぎ秀頼が再建した大仏は拝めなくなった。家康が鐘銘に激怒したという巨大な梵鐘は残されており、本作では見学者が絶えない名所として紹介している。

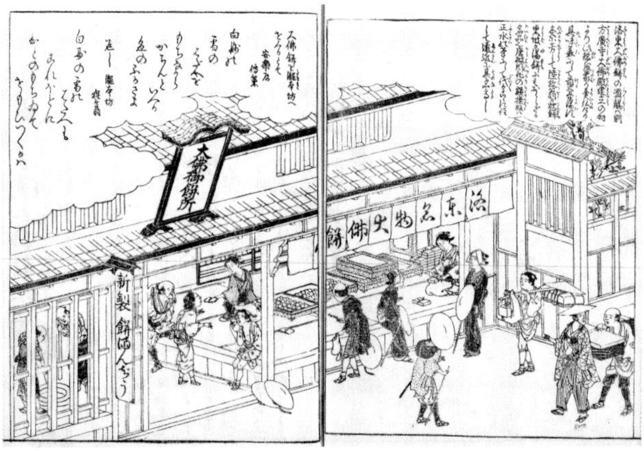

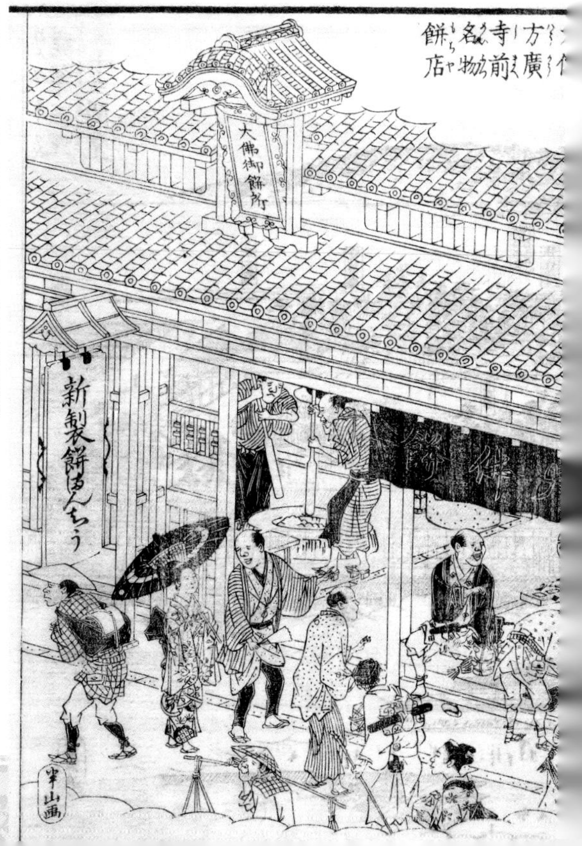

名物大仏餅の店を描いた『都名所図会』（上）と『花洛名勝図会』（右）

こちらも方広寺大仏殿がらみ。新旧の図会で同じ店を紹介している。『都名所図会』に描かれた名物の大仏餅は、本作でも変わらず美味で人気があると挿絵入りで解説しているのである。店内では客から見えるように餅つきの実演をしている。アングルを変えた本作の絵がわかりやすい。

京都に続く奈良編。籬島3冊目の名所図会

『大和（やまと）名所図会』

著者・秋里籬島と絵師・竹原春朝斎による『都名所図会』と続編の『拾遺都名所図会』が大当たりすると、ふたりは名声を得て、コンビを維持したまま3冊目の『大和名所図会』に取りかかった。「京都の次は奈良で」というわけだ。

『大和名所図会』は、15の郡別で巻を構成。大本・6巻7冊のボリュームで、1791（寛政3）年に刊行された。板元は、吉野屋為八、小川多左衛門ほか2軒。挿絵の総数は約180点。春朝斎の筆致はますます冴え、現地のようすを細密に、かつ親しみがもてるように伝えてくれる。

籬島本人の跋（ばつ）文を読むと、『大和名所図会』にはもうひとりの著述家が成立にからんでいたことがわかる。「滕禹言（植村禹言）が大作の地誌『大和名勝志』を著そうとしていたが、志半ばで没したため、遺志をついで編んだ」と記しているのである。籬島と春朝斎は、大和の現地踏査を行い、好評を得た名所図会のスタイルを保持しながら、禹言の草稿内容を適宜本文中に取りこんで内容の充実を図ったと思われる。

では、著者の秋里籬島はどのような人物だったのか。名所図会の成功で世に知られ、生涯におよ

そ30作を著した籬島だが、意外にも生没年とも不明である。ただし最後の名所図会となった『木曽路名所図会』の巻頭に、「よはいは古希にちかづきて」とあることからおおよその見当はつく。『都名所図会』の刊行時に、45歳ぐらいだったと推定される。

籬島に関するこれまでの調査で判明していることは、京都に住んでいて俳諧師だったことや、博学多才で、俳諧書、軍記物、軍記物図会、読本なども著したことなどである。

籬島は貞門俳人として活動していたが、蕉風復興運動がさかんになると蕉門の俳風に傾倒していった。和歌や狂歌、漢詩も学び、自らも詠んでいる。『大和名所図会』には「膝へきて眠りくらふる蝶々かな」などの自作を披露した。

(春日の担い（にな）茶屋)

江戸時代も春日大社の境内には鹿がたくさんいた。鹿は創建当時から神の使いとして大切にされてきたのだ。この茶屋は、店主が茶をたてる道具一式を境内まで担ってきて客に茶を売る「担い茶屋」である。客が鹿せんべいをあげる姿は今と変わらない。現在の奈良公園（一部は春日大社の境内）の光景が容易に思い浮かぶ。子供は鹿に懐紙をあたえようとしているのか。その子供の帯をさりげなく掴んで隣の女性と談笑する母親の描写が秀逸である。

興福寺（こうふくじ）

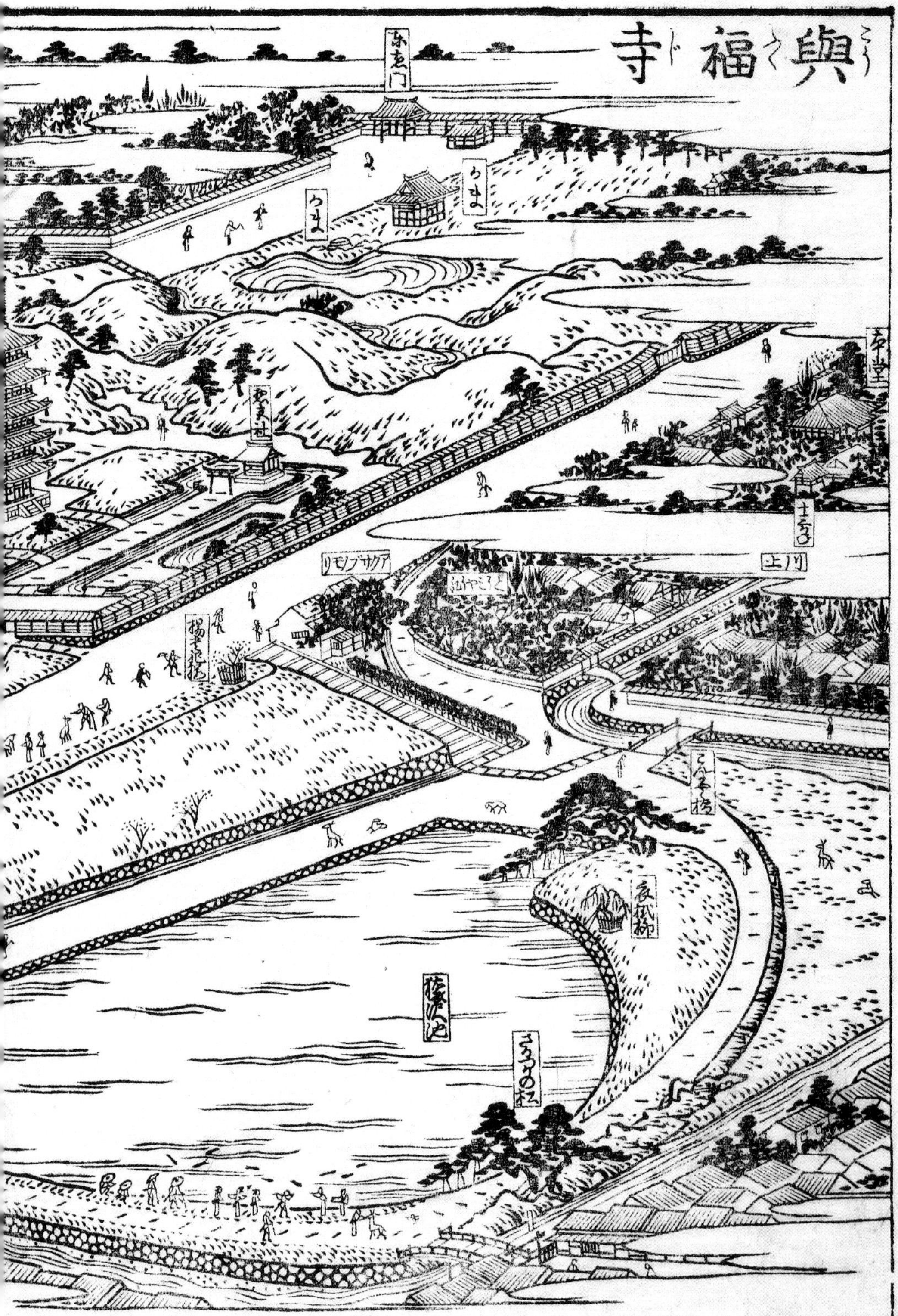

およそ100年をかけた大寺院の完成をみた。しかし、平安時代以降は幾度も兵火、火災に見舞われ、その都度復興していく。最後の大火は江戸時代の1717（享保2）年。中金堂、西金堂、南円堂、南大門などを焼失。この絵は復興途中の興福寺を描いている（2見開き続きの最初）。火災を免れた五重塔が目立つが、この塔も焼失と再建を5回繰り返していた。

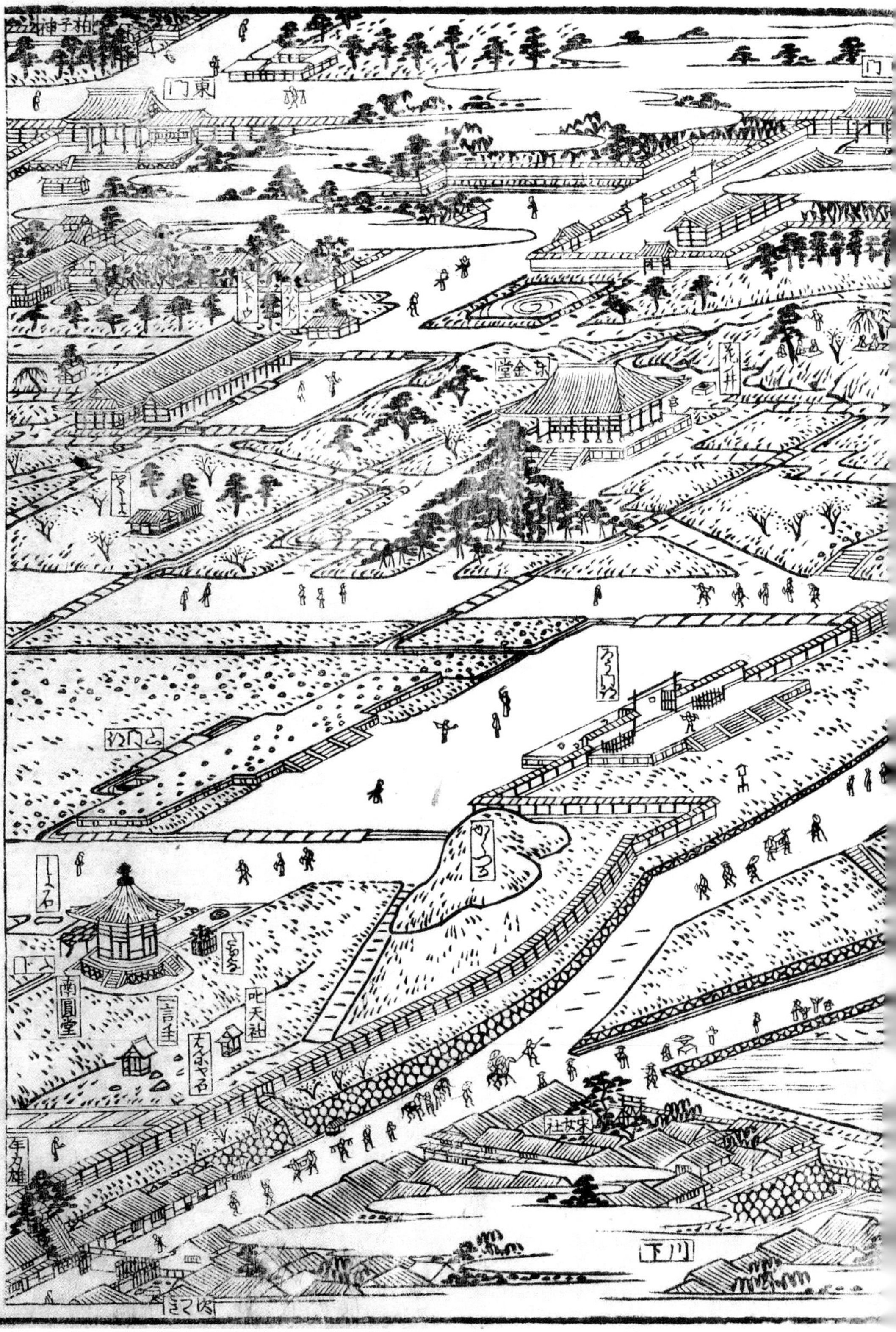

興福寺は法相宗の大本山。藤原氏の氏寺として知られる。前身の山階寺（やましなでら）は山階陶原（すえはら）に669（天智8）年造営。その後別の地に移り廐坂寺（うまやさかでら）と称し、710（和銅3）年の平城遷都の際に藤原不比等によりこの地へ移され興福寺と号した。中金堂など重要な建物が創建されたあとも、広大な地に北円堂、東金堂、五重塔、西金堂が建立され、813（弘仁4）年の南円堂建立により、

（五條里）

五條里（現在は五條市）は参勤交代の本陣がおかれた宿場で、交通の要所だった。周囲には複数の街道がつながり合い、四方から旅人がやってきてにぎわったという。文中に「四方の旅客はここにゆきき、遠近の産物もここに交易して、朝市・夕市とて商家多く、郷の賑わひいはん方なし」とある。朝夕に市が立ち、各地の特産品を売り買いする行商人がさかんに往来していたようだ。絵の屋内では、魚や筍を売りに来た男たちに女性が毅然と応対している。外に目を向けると槍持奴や棒手振、女性の旅人たちが歩いている。

本作の書名に「名所図会」とうたいながらも、春朝斎はごくありふれた民家と庶民も描いて堂々採用されている。何気ない日常の挿入は、読者に親近感をもたらす効果を生んだのだろう。この家族は、春朝斎が夏場の取材先で知り合った人たちなのかもしれない。奥さんが木片や葉を火にくべて蚊柱を追い払っている。これは蚊遣り（蚊いぶし）という古来からの方法で、かやの木の木片、松葉、よもぎの葉などがくべられた。上の句は「蚊ばしらをけぶりの削る夕かな」とある。「削る」の一言が効き、句を引き締めている。

頭も使って材木を運ぶ娘たち。吉野産の杉や桧の「磨き丸太」（皮をはいで磨き上げた丸太）は良質で、床の間の材としてもよく用いられてきた。画中に籬島作の狂歌「いただいた風俗もよし野の床ばしら肌うつくしき木むすめならん」を入れ、興を添えている。

（吉野の床柱）

大和名所図会

宮滝とあるが、滝ではなく吉野川の一部である。水練に長けた地元の男たちが、旅人から見物料を取り、巨岩から威勢よく川に飛び込んでいる。水への入り方、潜り方、浮かび方に独自の技が見られたという。

正愛炎天暑日頬
飛蚊擾々復如雷

敢もらと
夕らりの割は
夕っか
　　　常矩

（宮滝）　　　　　　　　　　（蚊ばしら）

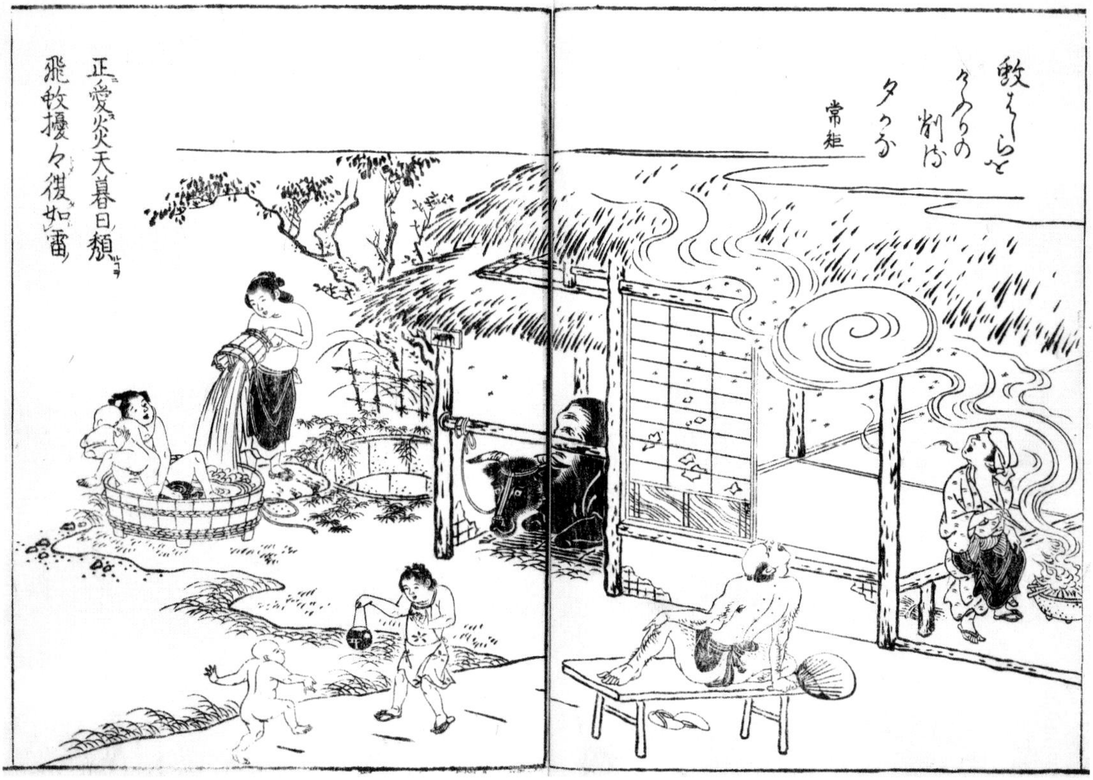

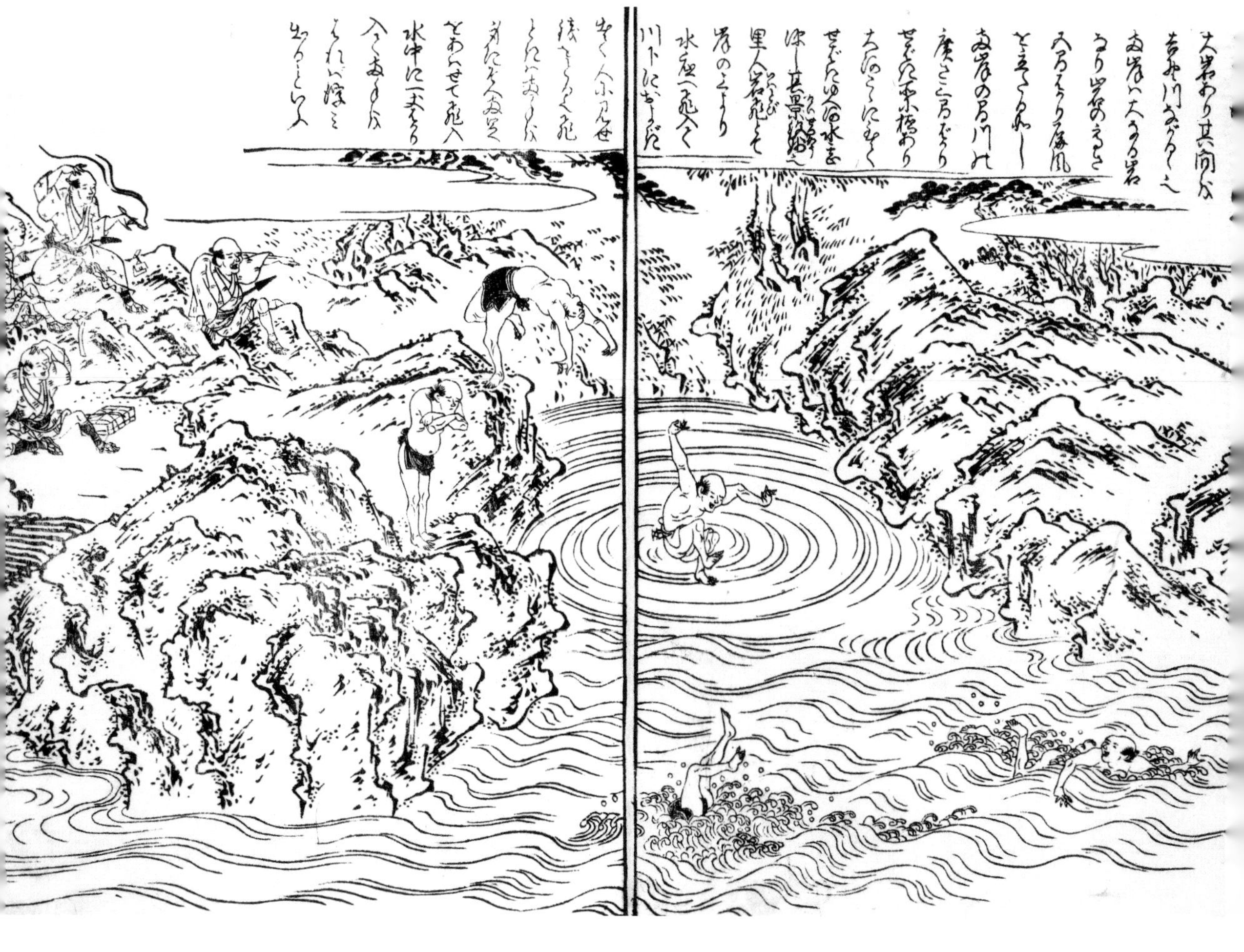

『和泉名所図会』

『都名所図会』からはじまった秋里籬島と竹原春朝斎のコンビは、山城、大和編に続く三州（泉州・摂州・河州）編の第一弾となる『和泉名所図会』の制作に入った。凡例には予告ともとれる「五畿内名所図会全部」という記述があり、拡大路線の意気込みが感じられる。

巻構成は、大鳥郡、和泉郡、泉南郡、日根郡に分けた郡別としている。大本・4巻4冊でまとめられ、1796（寛政8）年春に刊行。板元は、小川多左衛門ほか4軒である。

堺津鳥銃鍛冶

（堺鮮微魚売）

堺の海では魚がよく捕れた。「夏日、堺より鮮魚の微なるをより聚て、町々を売りありく。その声高く、いさぎよし」と画中の文にある。

現在の大阪湾に面し、大阪府の南西部に位置していた和泉国は、「泉州」とも呼ばれていた。摂津と和泉の「境」にあったことから地名とされた堺は、南蛮貿易などで栄えた自治都市だったが、大坂夏の陣で焼かれ、その後は幕府直轄地となった。『和泉名所図会』の巻之一、巻之二では、堺の大店、堺港、寺社のほか、仁徳天皇陵などを取り上げている。巻之三では、岸和田城ほかを紹介。

地誌としては、すでに『堺鑑』（半紙本・3巻3冊・1684年刊）や『泉州志』（大本・6巻6冊・1700年刊）が出版されていた。籬島はこうした書を参考文献として活用している。

制作方針は変えず、籬島は平易な文を心がけ、現地取材で得た最新情報を加えて編纂。読者の期待に応えた。初版刊行後に、修正の手を入れた改訂版を出している。

堺は鉄砲の生産地として知られる。鉄砲隊の編成を計画した織田信長は、堺から大量に鉄砲を入手して戦闘能力を高めた。江戸時代になると戦闘用は用済みとなったが、鳥獣用の鉄砲は需要があり製造され続けた。絵は堺に当時19軒あったという鉄砲鍛冶（鉄砲を製造する職人、またはその店）を描いている。画中の文は笑い話。「ある武士、堺にて鉄砲を買はんとて多く見て、これは何ほどとへば、亭主こたへて、これは三匁玉、これは五匁玉打候と答ふ。いやいや左にあらず、値は何ほどとへば、あるじ音はポンとぞこたへける」とある。

堺の名産萬の打物…

看板には、「打物所」とある。「打物」とは、金属を打ち鍛え、延ばしてつくられた道具のことをいう。この店では、堺の名産として全国に知られた堺包丁をならべて販売している。横に長い水引暖簾には「石割」の文字が見える。「石でも割れる」を謳い文句に名づけられた石割包丁のことで、店のメイン商品だったようだ。タバコの葉を刻む際に使用する「御方包丁」も名品として人気があった。偽物と区別できるように、包丁には「堺極」と刻まれた。

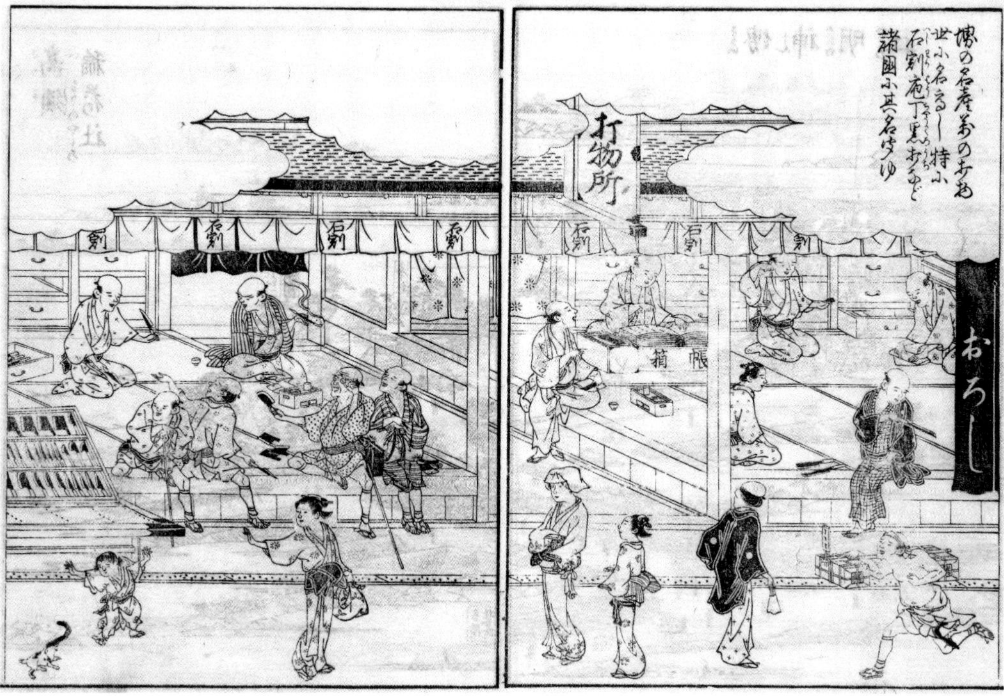

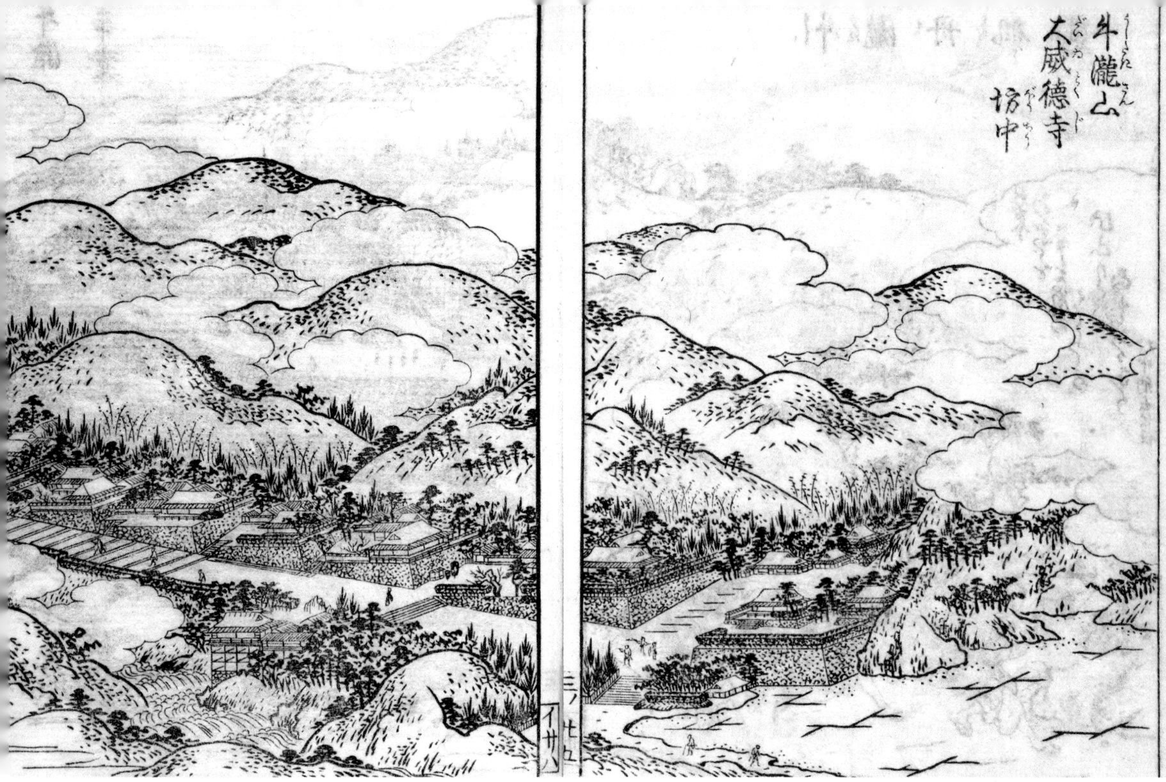

牛瀧山 大威徳寺 坊中
牛瀧 本堂

図会には時折、4頁（2見開き）以上をフルに使い、横長につなげたパノラマ写真のような風景画が掲載される。中でも上の4頁は各頁の振り分けが見事に処理されており、緻密で見応えがある。ワイドな眺望が楽しめるこの絵は、現在の岸和田市に位置する牛滝山と大威徳寺をとらえている。右から左へ絵巻のように視線を移していくと、山並み、山中の大威徳寺、三段の滝と牛石が見えてくる。山岳寺院の大威徳寺は、役行者の開創で修験道場の霊地である。

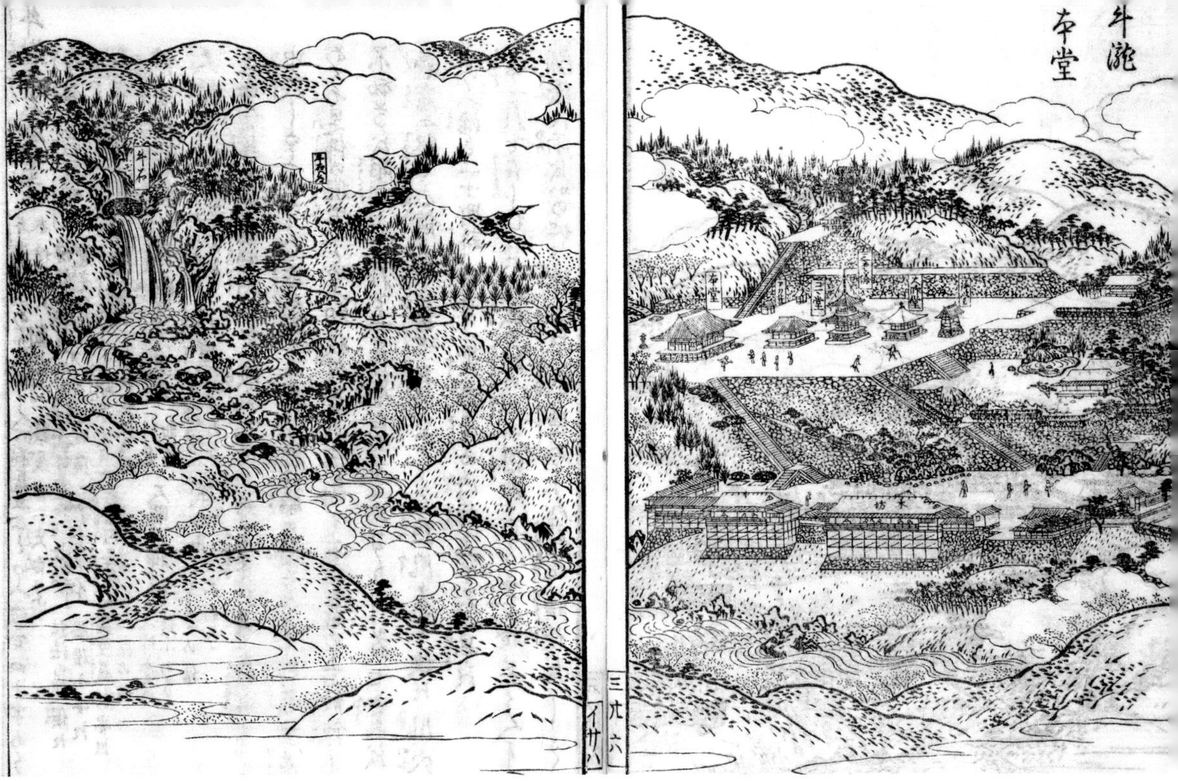

牛瀧丹楓見（うしたきもみぢみ）

大威徳寺の周辺は、古くから自然豊かな名勝地として知られる。訪れる人々は、参詣を目的としながら観光も楽しんだ。牛滝山は、とくに紅葉の名所として名高い。春朝斎は、紅葉見物に浮かれる庶民を、ミュージカルのワンシーンのように生き生きと描いてみせる。笑顔が弾けて、陽気な音楽や歌声が聞こえてくるようだ。本文の解説には、「一山に楓多し。秋の末には紅錦を布がごとし。麓より峯まで、紅葉ならぬ所はなし。坊中の書院に映じて、衣類、諸器まで紅を灌ぐがごとし。もっとも奇絶の壮観なり」とある。

『摂津名所図会』

秋里籬島の名所図会は快進撃の波に乗り、五畿内の三州（泉州・摂州・河州）編に突入するとハイペースの刊行が続く。第2弾の『摂津名所図会』は、大本・9巻12冊。籬島著の名所図会のなかで最も冊数の多い大作となった。

「摂州」とも呼ばれた摂津国は、現在の大阪府北部から兵庫県南東部にあたる。古くは良港があったことから「津国」といわれていた。

摂津国は交通の要地で、かつては難波宮もおかれていた。四天王寺や住吉大社などの由緒ある寺社がある。商都として栄え、大規模な祭りや市もありにぎわった。諸藩の米が収められる蔵屋敷が建ちならび、堂島では米市場が開かれた。道頓堀の芝居や料亭など遊興にも事欠かない。名所の多さが『摂津名所図会』を12冊にふくらませた。十返舎一九も『東海道中膝栗毛』で、摂津国の名所を観光案内のようにテンポ良く紹介している。

前作の『和泉名所図会』4巻4冊が1796（寛政8）年春に刊行されると、早くも同年9月に『摂津名所図会』7～9巻4冊が出版された。1～6巻8冊は、2年後の寛政10年に刊行されて完結をみた。板元は、小川多左衛門ほか4軒。あとの巻

（中之島の蔵屋敷）

がなぜ先行して出版されたのかは不明である（最初に進めた前半部の取材が次第に拡大していき、増頁と修正に手間取ったためか）。

三州編の最後を飾る『河内名所図会』6巻6冊も3年後の１８０１（享和元）年に刊行されている。驚くべき冊数と刊行の早さだ。名所図会の成功で潤沢な取材費が得られ、協力者も増えて制作効率が上がったと考えられるが、その背景には絵師の事情が大きくからんでいたようだ。

挿絵の功労者といえる竹原春朝斎の筆は『摂津名所図会』でも健在だが、本作では総点数のおよそ半分にとどまる。残りの絵は、息子の竹原春泉斎や台頭著しい丹羽桃渓など、複数の絵師で分担しているのである。短期で量をこなすために応援を頼んだのか。春朝斎は寛政12年に没しているので、制作途中に体調を崩した可能性もある。

米俵の米は１俵ずつ検品された。米刺という先を斜めに切った竹や金属の筒を米俵に突き刺し、少量の米を引き抜いて調べるのだ。抜いた米は桶にためた。

諸国から船で大坂に運ばれた米は、各藩の蔵屋敷に運ばれた。ここは大藩の蔵屋敷がずらりと建ちならぶ中之島である。小舟に積みかえられ蔵屋敷の船入（入堀）に入った米俵が次々陸揚げされている。教科書や歴史関係の本でお馴染みの挿絵だが、このサイズで見ると人物の動きがよくわかる。陸揚げされた米俵は、すぐに蔵へ入れない。運搬の際にふくんだ水分を数日乾燥させてから、米刺を使って検品。問題がなければ、ようやく蔵の中に運びこまれる。１俵は約60kg。絵の右上に、２俵担いで蔵に入る男たちが見える。中央の女性たちは、俵からこぼれ落ちた米粒を掃き集めては篩にかけている。得られた米粒は専用の袋に詰められた。丹羽桃渓が描く版本の挿絵は、軽やかなタッチでとてもわかりやすい。

った。絵の船は大型の弁才船である。船上からはお祝いの餅が撒かれ、苦労の末にやっと完成にこぎつけた喜びが伝わってくる。しかし巨万の富をもたらす弁才船は、蒸気機関や内燃機関をもたない。風を頼りに航行する帆船であり、天候の急変による遭難のリスクがつきまとった。舳先には、航海安全の神・住吉大神に捧げる酒樽や鯛のお供えが置かれている。

木津川の西岸に位置する寺島には、当時多くの船大工が住んでいて、弁才船が建造されていた。ここでは新造船の進水式が盛大に行われている。江戸時代は海上輸送がさかんで多種類の商船が航海した。主役の弁才船は、200 石積みから 2,000 石積みクラスまである。江戸時代の後期には 1,000 石積み以上の弁才船が主流となり、「千石船」とも呼ばれるようにな

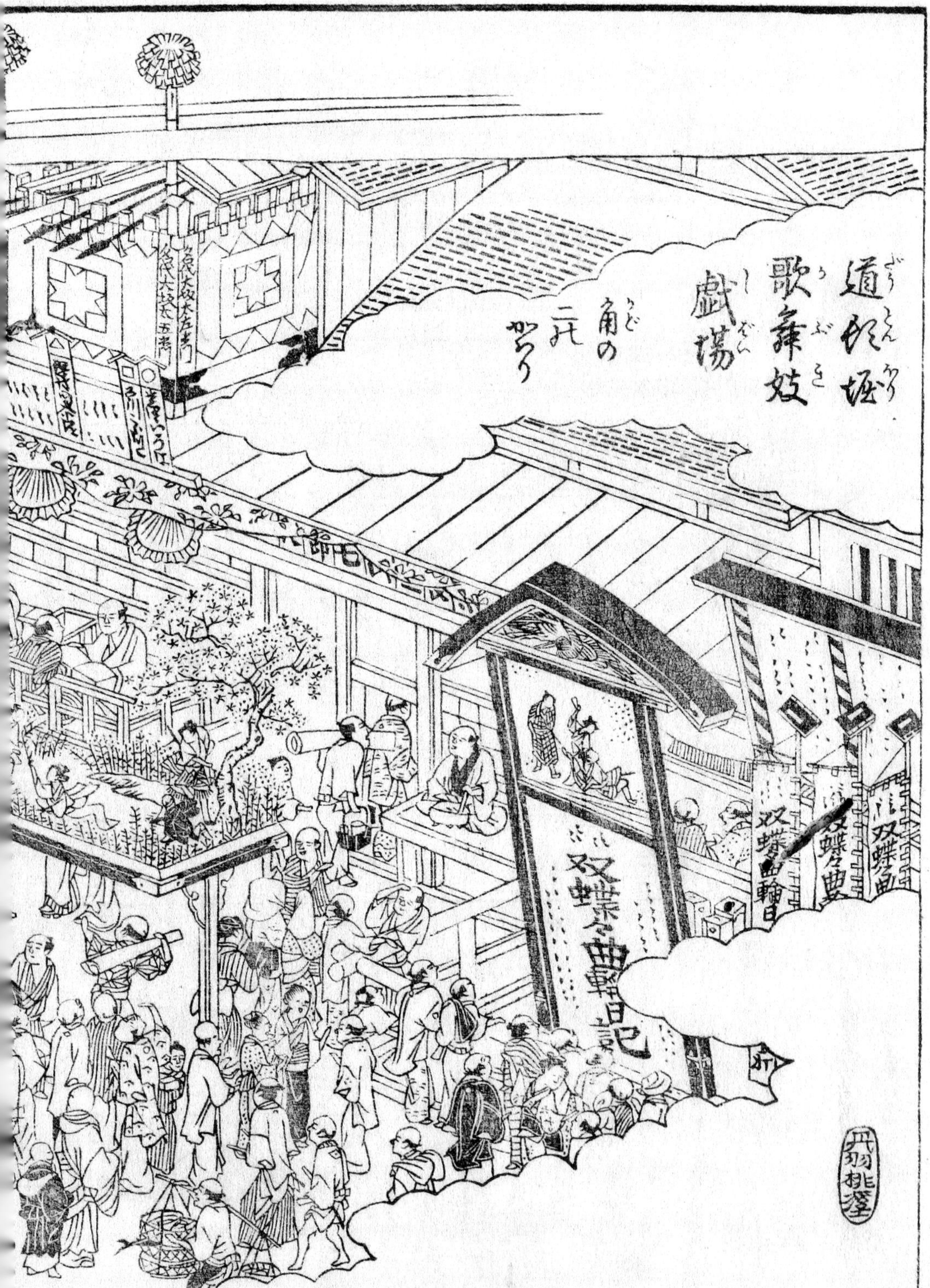

道頓堀 歌舞伎戯場

角の二のかはり

街となっていた。絵は、歌舞伎を上演する角座（角の芝居）の入口付近である。看板に「双蝶々曲輪日記」とある。もとは1749（寛延2）年に人形浄瑠璃の竹本座で初演された演目で、その翌月から歌舞伎でも上演されるようになった（平成にも上演されている）。角座は1758（宝暦8）年、並木正三の考案により世界初の回り舞台が設置された劇場としても知られる。

道頓堀川は、その名の由来となった安井道頓が開削に着手した運河である。3年かけて1615（元和元）年に完成した。岸に幕府公認の芝居小屋がはじめて建ったのは1626（寛永3）年のこと。以降、道頓堀川の南側は芝居町として発展していく。元禄期には人形浄瑠璃、歌舞伎、からくり芝居、見世物などの芝居小屋や茶屋などの飲食店が建ちならぶ一大歓楽

すな場 其二

の腹を満たすため、そば切りをすぐに出す蕎麦屋がこの地で営業をはじめた。そしていつしか蕎麦屋も「砂場」と呼ばれるようになった。石碑の裏には「麺類店発祥の地」とある。絵の蕎麦屋はそのうちの「いづみや」で、老舗人気店として江戸時代になってもにぎわった。本文に「難波の名物とて、遠近ここに来集する事日々数百に及べり」とある。

大坂唯一の公認遊里「新町遊郭」の近くで繁昌していた大規模なそば屋である。現住所は大阪市西区新町で、「新町南公園」の一角に「ここに砂場ありき」と大きく刻まれた石碑が建っている。この地は、豊臣秀吉が大坂城を築く際に、資材とした砂や砂利が置かれていた「砂場」だったのだ。全国から集められた土木工事関係者が大勢働いていたので、短時間で大量

孔雀茶屋

現在の大阪市中央区高津にあった茶屋で、孔雀を飼育して客を集めた。画中文の後半に、「ここには孔雀の錦毛の美なるを出し、其外諸鳥を飼て茶店の賑ひとなす事、これを俗にまねきといふ」とある。左下に見える水鳥はオシドリのようだ。餌皿を持った男が餌をあたえ、子連れの家族らが楽しそうに見ている。今の動植物園のような茶屋は、三都と名古屋にあったという。

兵庫の生洲…

現在の神戸市兵庫区今出在家町にあった大きな生簀。海が荒れたときや不漁などに備えて、常に捕獲した生魚をここで飼養していたという。地元の子供や僧侶、侍、女性たちが立ち寄り、網で魚をすくい上げるところを面白がって見ている。本文には、往来する旅人の目も楽しませたと記されている。

多田入湯旅舎（ただにうたうりょしゃ）

現在の兵庫県川西市に「多田荘（ただのしょう）平野湯（ひらのゆ）」という温泉場があった。源泉は「鶏卵（たまご）を解きたるがごとし」色をして、ぬるかったので、釜まで引いて薪を焚き、温湯にしたという。大浴室は五丈（約15ｍ）四方の広さで、中を隔てて男女を分けた。周囲に旅舎（旅館）が24軒あり、絵は「枡屋」を描いている。宿泊客は日に3度は浴し、碁、双六、茶の湯、小歌、三味線、生花などを楽しんだ。絵の左の方では、蹴鞠に興ずる温泉客も見える。

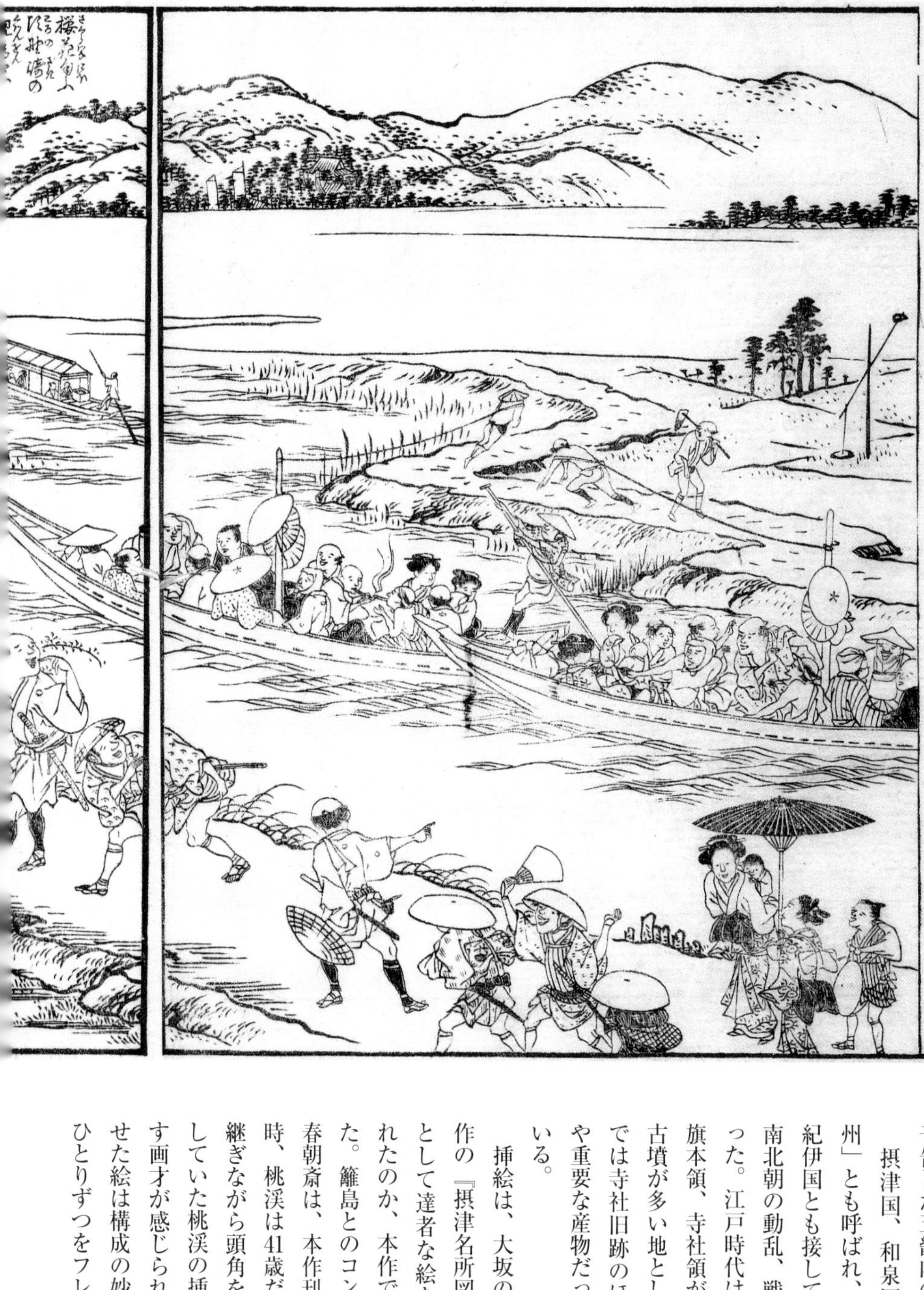

『河内（かわち）名所図会』

三州編最後の河内国編。絵師の丹羽桃渓が全挿絵を描き、演出的人物描写を披露

『河内名所図会』は大本・6巻6冊。1801（享和元）年に刊行された。著者は秋里籬島、板元は京都の出雲寺文治郎、大坂の高橋平助ほか4軒である。これで三州編のすべてが出そろい、籬島が予告した五畿内の名所図会が完成に至った。

摂津国、和泉国の東に位置する河内国は「河州」とも呼ばれ、南北に細長く、山城国、大和国、紀伊国とも接している。5国に囲まれた河内国は、南北朝の動乱、戦国時代の領国争いの舞台にもなった。江戸時代は2藩を置き、多くは幕府直轄領、旗本領、寺社領が占めた。また、古市古墳群など、古墳が多い地としても知られる。『河内名所図会』では寺社旧跡のほか、屋形船で参る「野崎参り」や重要な産物だった「河内木綿」なども図説している。

挿絵は、大坂の絵師・丹羽桃渓（とうけい）が担当した。前作の『摂津名所図会』では、複数の絵師のひとりとして達者な絵を披露したが、その力量が買われたのか、本作では桃渓ひとりで全点を描き切った。籬島とのコンビで先駆的役割を果たした竹原春朝斎は、本作刊行の前年に没している。刊行当時、桃渓は41歳だった。春朝斎の作画方針を引き継ぎながら頭角を現し、すでにベテランの枠に達していた桃渓の挿絵からは、独自の表現を打ち出す画才が感じられる。とくに大勢の人々を登場させた絵は構成の妙が光る。まるで映画監督が人物ひとりずつをフレームの中に配置して各自の動きを丹念に演出したかのような絵づくりをしているのだ。本作とは別の、製紙を図説した版本『紙漉重宝記』の挿絵も桃渓筆で、こちらも完成度が高い。洗練された構図と演出的人物描写が楽しめる。

（野崎参り）

現在の大阪府大東市にある福聚山慈眼寺は、通称「野崎観音」と呼ばれている。曹洞宗の禅寺で、本尊は十一面観世音菩薩である。この寺院では毎年春になると無縁教法要が行われ、大勢の参詣者が「野崎参り」と称して集まった。この絵は、大坂から野崎観音に向かう野崎参りの人々を描いている。屋形船や乗合船に乗って行く人がいれば、土手を歩いて向かう人もいる。当時は船の人と陸の人が双方で言い争う「ふり売り喧嘩」がはやり、その光景が絵の中で繰り広げられている。勝った者は良いことが1年続くという。周囲の人たちは、笑顔でこの奇習を楽しんでいる。

（雑魚取）

苗代づくりの前に小池をさらう人々。面白いように雑魚が捕れている。名所というより、丹羽桃渓が取材先で見た春の農村風景か。桃渓ならではの演出的人物描写が楽しい。

（河内木綿）

高めた。絵の中央に木綿を織る女性が見える。軒下に盆灯籠が吊られ、ススキがなびいているので、お盆の時期と思われる。左には、反物を吟味する男が見える。片袖を脱いだ家の主人が熱く語り、商談を進めているようだ。右方には、糸車を担いできた娘が見える。無邪気に遊ぶ子供の姿も。桃渓の職人的画面構成力が、この絵にもいかんなく発揮されている。

画中の狂歌は「高安の里を見合すもめん買気のありそふなむすめ織しを　班竹」とある。高安の里（現在は大阪府八尾市）は河内木綿の生産地だった。この木綿の特長は、糸が太く、地が厚いところ。丈夫で触るとざらりとしたが、洗うごとに良い肌触りが得られた。この長所を生かし、浴衣地、帯芯、足袋、暖簾、幟、布団地などに利用され、ブランドとして名を

第2章

街道周辺にある名所をピックアップして解説

秋里籬島（りとう）の名所図会

街道編

『東海道名所図会』
『木曽路名所図会』（『播磨名所巡覧図会』）

ここは草津宿。東海道五十三次のひとつで、中山道との分岐点でもあった。旅人の楽しみといえば、休み処で一服し名物を食べること。この店では「うばもち」（乳母（姥）が餅）が美味で腹もちがいいと評判だった。左の方では、武士の一行が休んでいる。庭を見ながら座敷でくつろげる立場（たてば）茶屋としても活用されていたのだ。店の前が東海道。歌川広重の「東海道五拾三次之内　草津　名物立場」（保永堂版）は、この絵を参考にしたと思われる。

実地踏査を生かした秀作。東海道の旅ブームに乗り、刊行後も増摺を重ねた

『東海道名所図会』

念願だった五畿内の名所図会を立て続けに世に送り出した秋里籬島だが、実は併行して街道編といえる『東海道名所図会』も制作を進めていた。本作は、大本・6巻6冊。京都─江戸間の名所は数多くあるが、選択に気を配り、6冊の中にバランスよく収めた。

刊行は1797（寛政9）年である。前年には『摂津名所図会』の4冊を出版。寛政10年に8冊を出して全9巻を完結させている。籬島の名所図会は定番化し、出せば売れる商品となっていた。

籬島は本作でも、数多くの類書を参考、引用している。東海道の実地踏査もぬかりがない。寛政7年に取材旅行をしたことを自著に記している。旅先で詠んだ発句も本作に掲載。籬島はこの頃、還暦ぐらいの年齢に達していたが、気力、体力の衰えは感じられない。精力的な活動ぶりである。

（うばもちや）

板元は、京都の田中庄兵衛、大坂の柳原喜兵衛、江戸の前川六左衛門、ほか6軒（後摺8軒）と多く、初版から三都そろい踏みとなった。このデータだけでも街道編の期待の高さがうかがえる。

徳川家康による東海道の整備は、関ヶ原の戦いの翌年からいち早く開始されている。公用の旅を円滑に行うためだ。参勤交代が三代将軍家光により制度化されたのは1635（寛永12）年。機能的で安全な宿場の整備が進むと、庶民も恩恵を受ける。経済の発展を追い風に旅ブームが到来する。

すでに東海道物の版本は、紀行文、道中記、名所記、携帯用のガイド本などが出版されていた。それでも『東海道名所図会』の参入は、旅好き、図会ファン待望の書となって歓迎された。これを裏付けるように、幾度も増摺を重ねたことが確認されている。ちなみに、十返舎一九の『東海道中膝栗毛』は、本作の刊行から5年後に出版され大ヒット。翌年からシリーズ化されて刊行はその後21年続いた。歌川広重の保永堂版「東海道五十三次」は1833（天保4）年頃に出版されているが、本作の絵を一部参考にして描いている。

『東海道名所図会』の挿絵を担当した絵師は、総勢30名にもおよぶ。春朝斎の息子・竹原春泉斎をはじめ、鍬形蕙斎（くわがたけいさい）、西村中和（ちゅうわ）、土佐光貞、奥文鳴、栗杖亭鬼卯などで、大御所の円山応挙も参加している。人気絵師の協力が得られたことから、多様な名所絵が鑑賞できる豪華版となった。

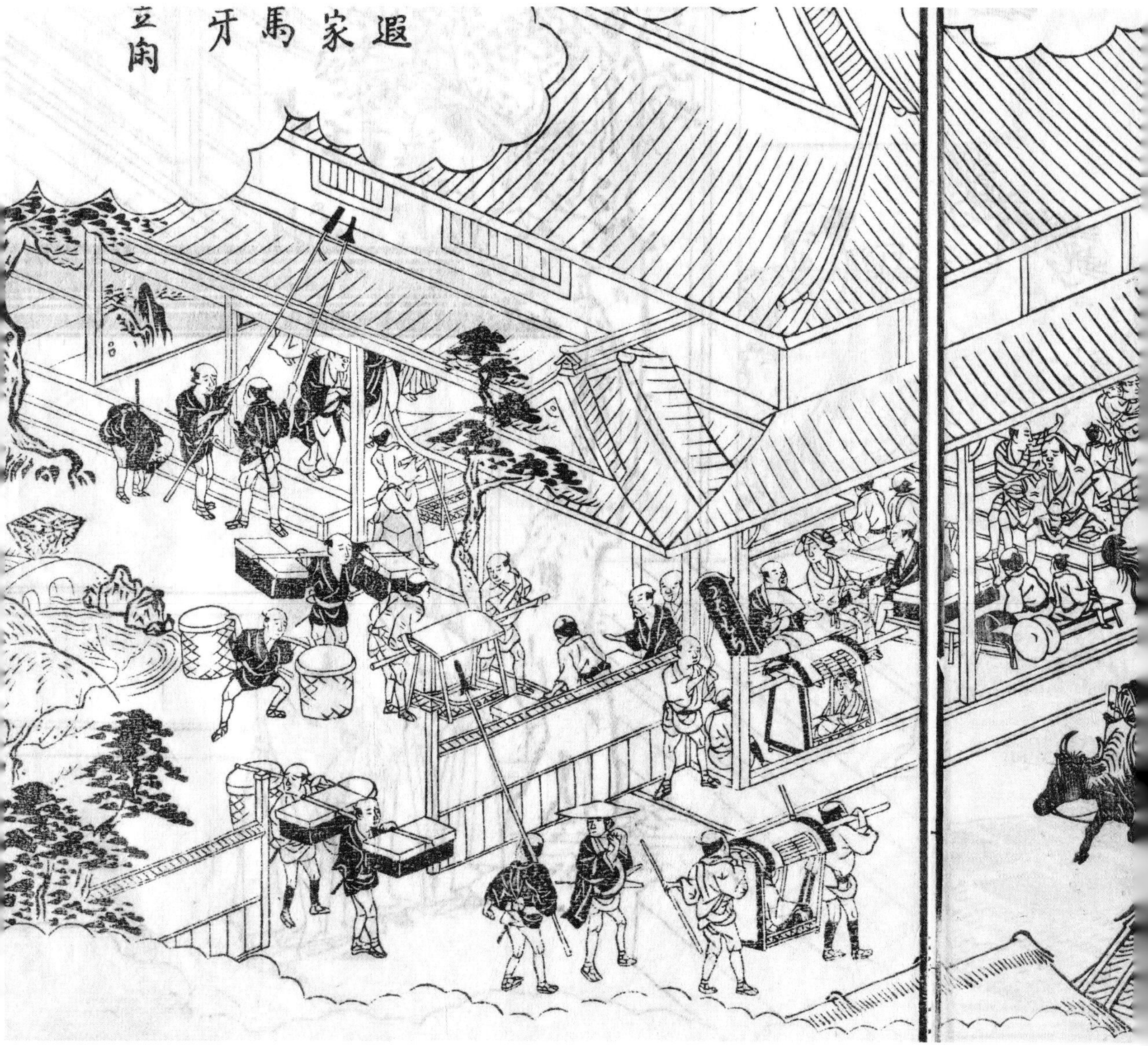

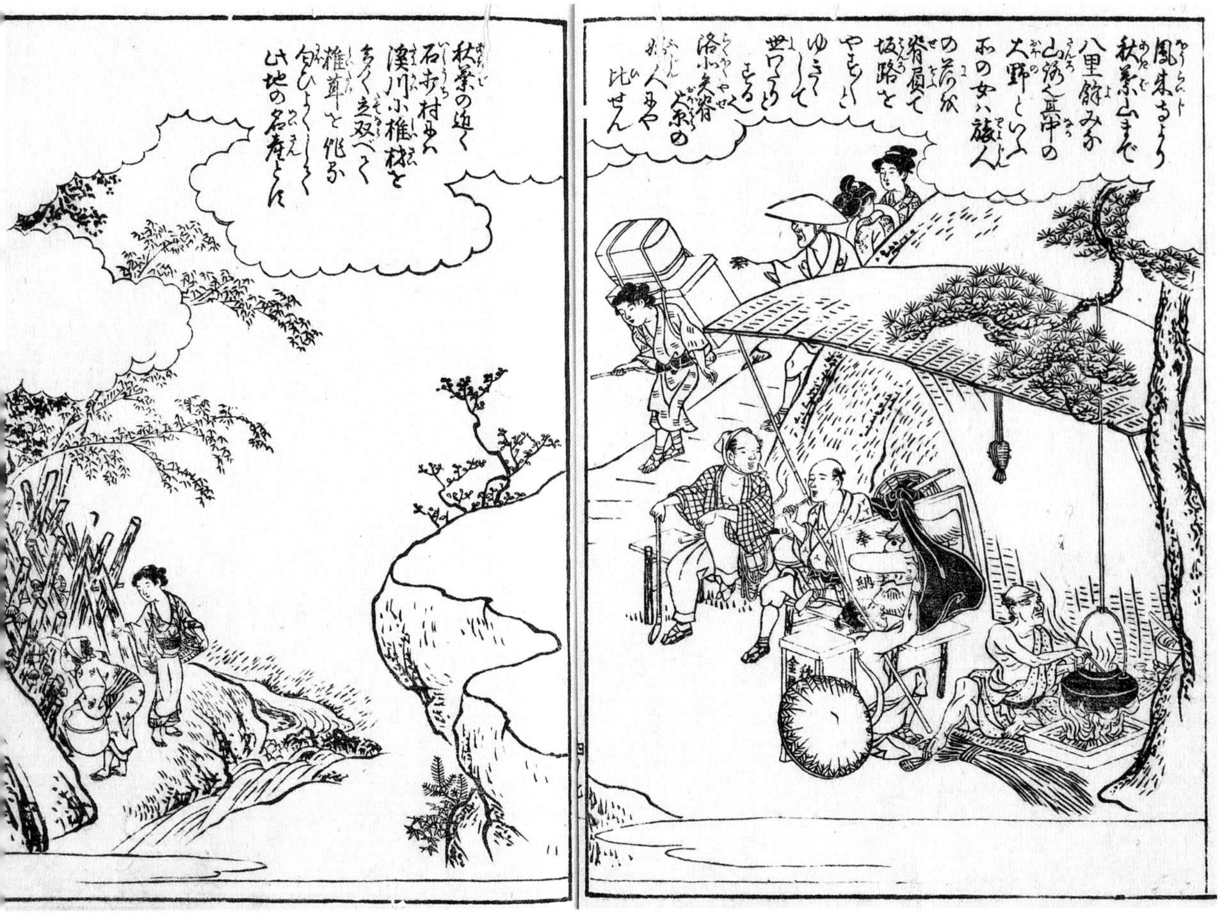

鳳来寺より秋葉山まで…

険しい山道で東海道ではない。京都方面から御油宿まで歩くと、山のルートに入る旅人がいた。鳳来寺とその先の秋葉山（秋葉神社）を参詣するためである。絵は、そのあいだの山道。鳳来寺は真言宗の古刹で、修験者の聖地である鳳来寺山にある。秋葉山の山頂に鎮座する秋葉神社は、火伏せ（火難よけ）の神として信仰されていた。東海道の掛川宿に出るまで難所が続く。旅人の荷を背負う女性は、「女強力」という荷運びのプロである。左の方では、地元住民が椎茸の原木栽培をしている。

ここは沼津宿と箱根宿のあいだにある三島宿か。箱根を越えてきた旅人、これから箱根に向かう旅人の大半が、三島宿に泊まったという。自炊する安い木賃宿から、食事付きで女性が寝食の世話をする飯盛旅籠まで、宿屋のランクはさまざまあり、約 80 軒の旅籠が営業していたという。飯盛旅籠では「三島女郎衆」と呼ばれる宿場女郎が大勢働いていた。秋里籬島も飯盛旅籠に泊まったようだ。画中の文には、女は寝ないで、蚤をとろうか、かゆいところをかこうかと起こされた…など、妙に詳しく記している。

箱根温泉は 7 か所に分かれていて、「七湯めぐり」ができた。ここはその内のひとつ。景勝地でもあった塔之沢湯の温泉宿である。画中の文や本文の量が多いことから、ここも籬島が泊まった可能性が高い。養生湯として諸病を治すとあり、空き時間には、糸竹（糸は弦楽器、竹は管楽器のことで、琴や笛などの和楽器をいう）の音を楽しみ、楊弓、軍書読（芸人が軍記を語る大衆演芸）に興じた。

東海道名所図会

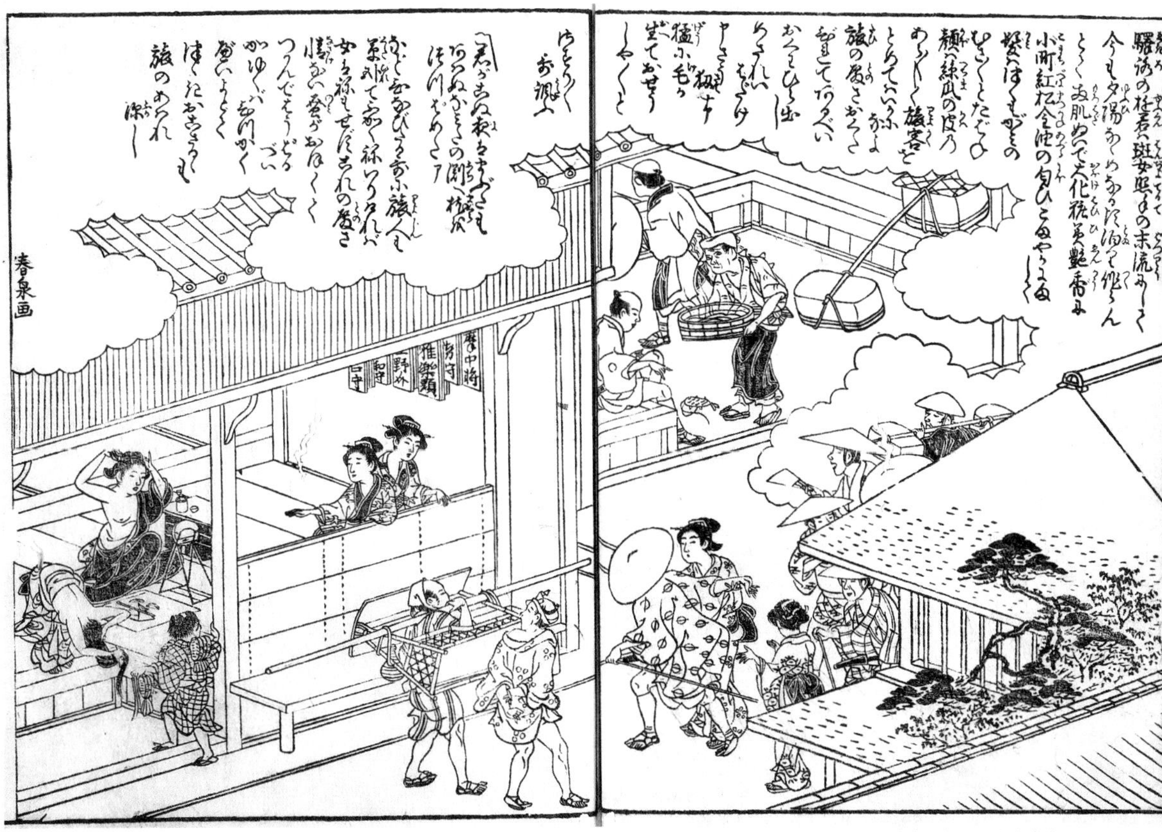

駅路の遊君…

(箱根七温泉・塔之沢)

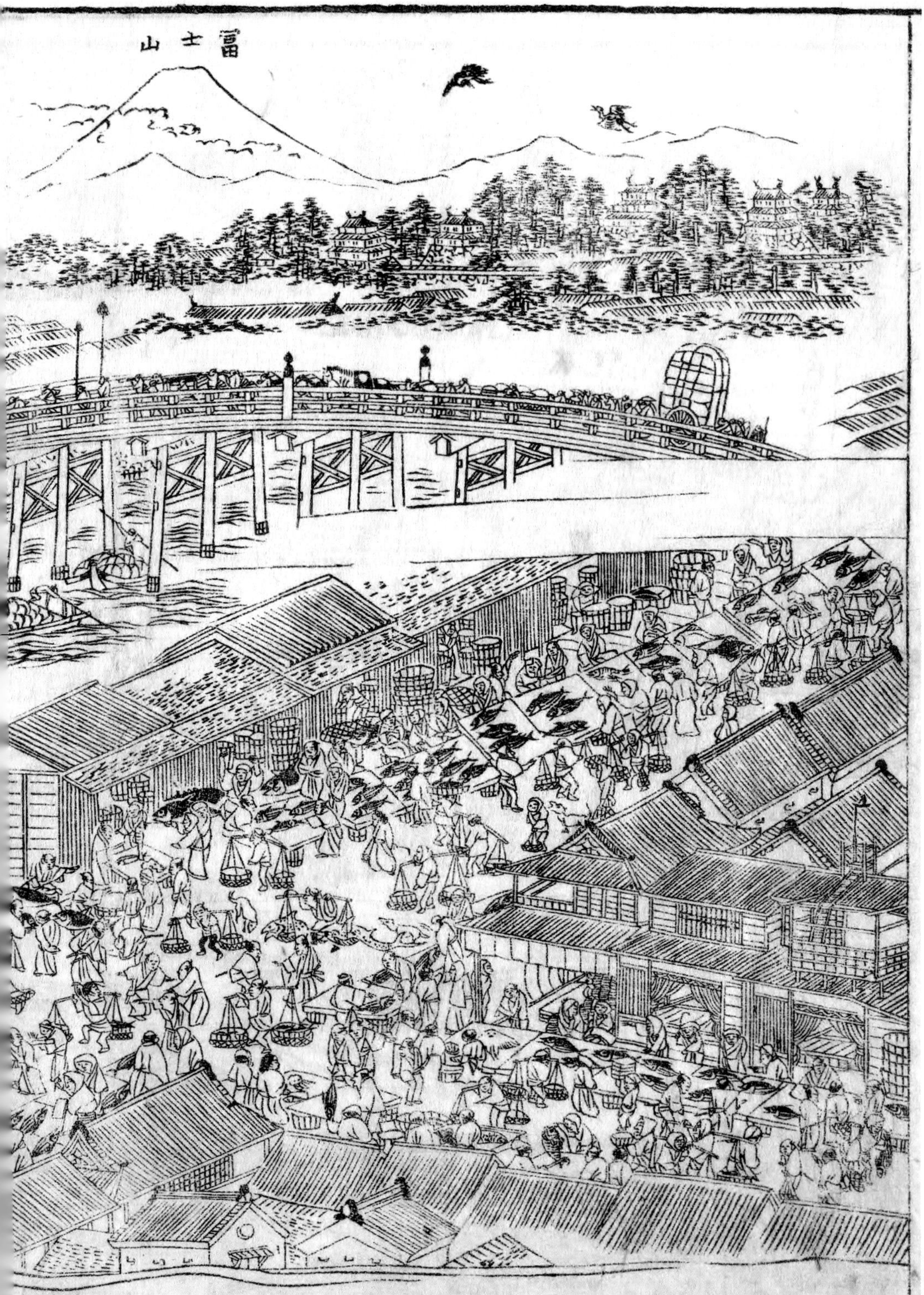

マグロ、サメ、エイなどの魚やタコまで描き分けている。蕙斎は北尾重政の門人で、山東京伝（北尾政演）は兄弟弟子である。当時は「北斎嫌いの蕙斎好き」と言われるほどの高評価を得ていた。本作の刊行年から推察すると、この日本橋の描き方は斬新である。その後、日本橋を描こうとした絵師たちに大きな影響を与えたと思われる。

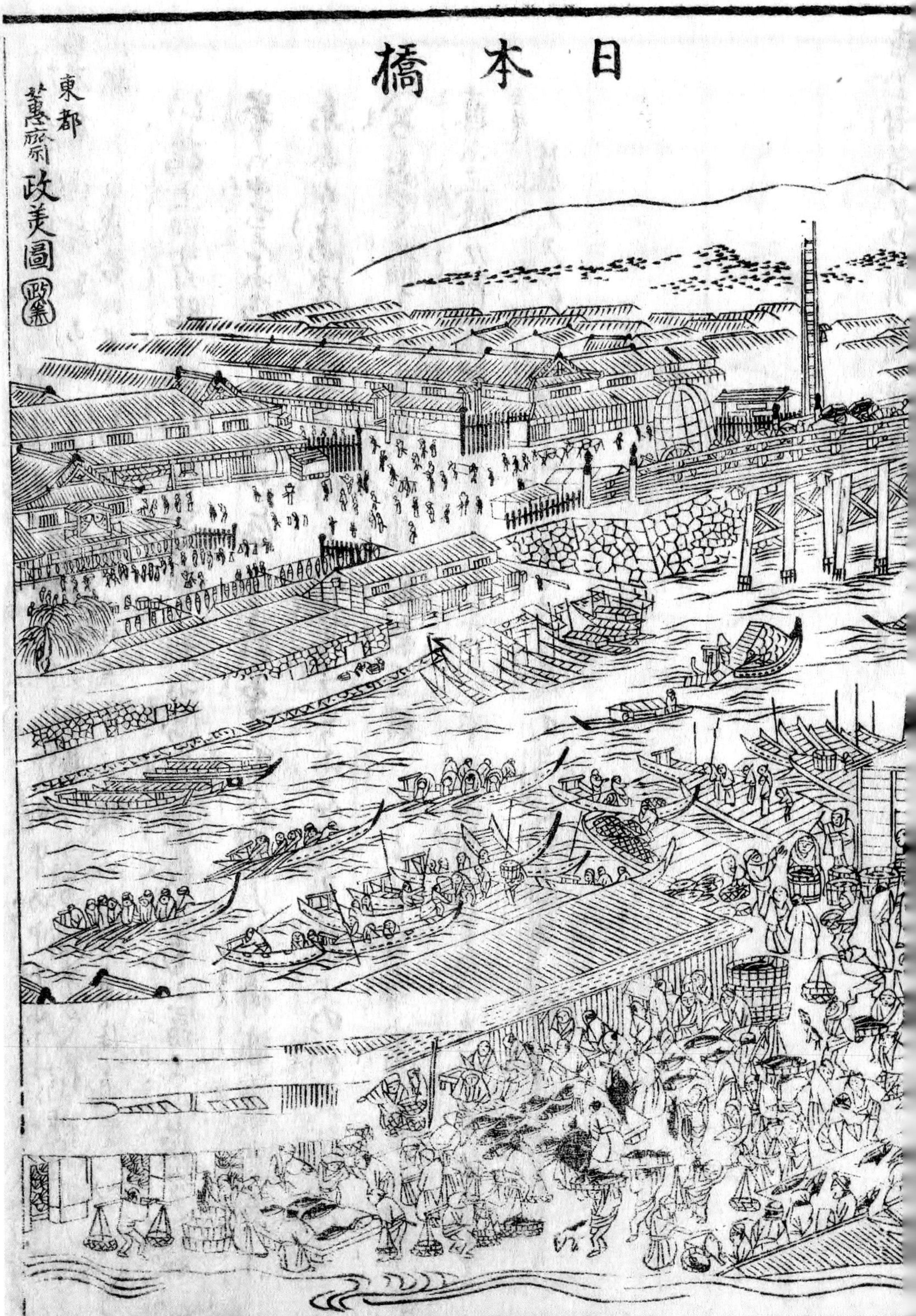

本作の最後に掲載された、見どころ満載の力作。江戸の絵師・鍬形蕙斎（北尾政美）が描いている。蕙斎は、京都から絵師 30 人で繋いできたアンカーを務め、江戸の名所絵を担当。有終の美とした。鳥瞰図を得意とする蕙斎は日本橋に迫らず、富士山、江戸城、日本橋川、押送船、魚河岸のにぎわいを入れ込む絶妙のアングルでとらえている。描写は細かく、カツオ、

『木曽路名所図会』

『東海道名所図会』の初版刊行から8年後に、街道編の第2弾となる『木曽路名所図会』が出版された。本作も力作だが、籬島が手がけた最後の名所図会となった。大本・6巻7冊（第1巻は、乾・坤の2冊。5・6巻は附録）。1805（文化2）年に刊行。附録の5巻は、江戸から日光に向かう構成で、6巻で日光を紹介している。

タイトルにある木曽路とは、幕府が1716（享保元）年に名称を定めた中山道のことである。一般的には、木曽の11宿を通ることから、木曽路、あるいは木曽街道と呼ばれていた。

東海道と同様に中山道も五街道のひとつで、江戸と京都を結んでいる。中山道の行程は約130里。東海道より6里ほど長い。

江戸からの最初の宿場は板橋宿だ。関東平野を抜けて山中へ入り、近江の守山宿まで67宿を数える。次の草津宿で東海道に合流し、大津宿を経て京都に至る。

参勤交代で中山道を利用した大名は30家である。東海道の146家と比べるとかなり少ない。宿場の規模も劣っていた。しかし宿賃が安く川留めが避けられることから、女性をふくめてこの街道を好む旅人が多くいた。

幕末には、孝明天皇の妹である皇女和宮が、第14代将軍徳川家茂に嫁ぐために京都から中山道を

（長良川 鵜飼船）

本文に「暮れかたより河上に漕のぼり、闇の夜に松明を照らし、船のめぐりにさし出し、鵜飼の綱をさばき、鵜をつかふけしき又めづらし」とある。

醒井（さめがい）

中山道には69の宿場があり、醒井は江戸の日本橋から61番目の宿場となる（現在は、滋賀県米原市）。ここには画中にある通り、三水四石の名跡があった。三水の内の「居寤清水（いざめのしみず）」（居醒の清水）はとくに知られ、醒井の地名の由来となった。絵は、その清水を源流とした地蔵川とその周辺を描いている。左の方には、日本武尊が腰掛けたという伝説で有名な「腰掛石」が見える。本文では、四石のひとつとして解説している。近くの建物は、名物の醒井餅が評判を呼んだ茶店である。夏には心太や素麺をメニューに加えたという。

利用して江戸に向かった。約3万人規模の華美な長旅だったという。

　本作は籬島が京都の人であることから、『東海道名所図会』と同様に、京都から江戸に向かい、順に名所を案内している。

　挿絵を担当した絵師は、籬島と同じく京都に住む西村中和（ちゅうわ）である。中和の名所絵は実景に迫る。丁寧に描かれながら整理されていてわかりやすい。現地取材の成果を感じる発見も多く、しばし時を忘れて隅々まで見入ってしまう。

『東海道名所図会』は中和をふくむ30名の絵師が腕を競ったが、本作では中和ひとりの筆に頼った。そこからは、大仕事をまかせた籬島と中和の信頼関係が見えてくる。

　中和の跋文（ばつぶん）には、1802（享和2）年の初夏、取材のため籬島と中山道の長旅に出たことが記されている。すべての名所絵が描きあがるまでに、2年半の歳月を要したようだ。中和は版本の挿絵を得意とし、本書に掲載した『都林泉名勝図会』や『紀伊国名所図会』の名所絵も手がけている。

　中和と旅した籬島は、本書の冒頭に「よはひは古稀にちかづきて」「ことし享和2」と記していることから、70歳に近い年齢に達していたことがわかる。図会物で成功し名を成した籬島だが、なぜか没年は不明である（生年も不明）。籬島の句を掲載した版本から、1812（文化9）年までの存命は、ほぼ確実とみられる。

三冨野（みどの）より野尻（のじり）まで…

川の上にかけたる橋にはあらず。岨道（そばみち）の絶（たえ）たる所にかけたる橋なり」とある。三留野宿から京都方面に二つ戻ると馬籠（まごめ）宿。ここを舞台にした島崎藤村の長編小説『夜明け前』の書き出しには、「木曽路はすべて山の中である。あるところは岨づたいに行く崖の道であり、あるところは数十間の深さに臨む木曽川の岸であり……」とあり、類似がみられる。

絵の右下に、三留野（三冨野）宿が描かれている。ここから野尻宿まで険路が続く。見下ろす川は木曽川である。本文に「木曽路はみな山中なり。名にしおふ深山幽谷にて、岨づたひに行くかけ路多し。就中三留野より野尻までの間はなはだ危き道なり。（中略）右はみな山なり。屏風を立てたる如くにして、その中より大巌さし出て路を遮る。この間に桟道多し。いづれも

木曽路は獣類の皮を商ふ店多し…

に生々しい。東海道には見られない光景ともいえる。傍らには、生け捕りにした獣が見える。好奇の目を向けた男が、じっと覗き込んでいる。熊からは生薬も各種つくられた。とくに熊の胆嚢を乾燥させて製造した熊胆（くまのい）は健胃効果が高いといわれていた。旅人にしつこくすすめる者が多くいたようで、籬島は「油断すべからず」と注意を促している。

木曽の山中では、熊、猪、鹿などの狩猟が盛んだった。ゆえに獣の皮を売る店が木曽路沿いに多く見られた。画中の文に「木曽路は獣類の皮を商ふ店多し。別して贄川（にえがは）より本山（もとやま）までの間多し」とある。絵は、贄川宿から本山宿までにあった獣類を扱う店を淡々と描いている。獣や毛皮が軒下に吊され、店先に獣の一部が無造作に置かれている。陳列がシンプルなだけ

『播磨名所巡覧図会』

本作は5巻5冊。1804（文化元）年に刊行された。著者は村上石田（秦石田）だが、経歴等未詳である。中井藍江が挿絵を担当した。

凡例に「この書は一国一覧のものにあらず。摂州より播州に至るの紀行を委曲せり」とある。本作は秋里籬島の著作ではないが、出発地から到着地に至るまでの名所を案内していることから本章（街道編）で紹介したい。

凡例にある「摂州」とは摂津国、「播州」とは播磨国のことで、現在の兵庫県南西部にあたる。本作は大坂から赤穂までの名所図会で、主に山陽道沿いとその周辺の名所を案内している。

江戸時代に脇街道とされた山陽道だが、古代においては畿内と九州の太宰府を結ぶ重要な基幹道だった。このため長きにわたり、幾多の官人が山陽道を往来。名所では数え切れないほどの和歌が詠まれた。播磨国の地誌も複数刊行されている。名歌や古代からの資料に事欠かないことから、秋里籬島の名所図会スタイルを踏襲した本作が企画されたのだろう。挿絵を描いた藍江は大坂の絵師で、『河内名所図会』を描いた丹羽桃蹊と同じく、蔀関月（67頁参照）の門人である。

塩釜

瀬戸内海沿岸に位置する播磨国の赤穂では、塩づくりを盛んに行っていた。晴れる日が多く、干潟に広がる良質な砂が活用できるので、塩づくりに適した地だったのだ。1645（正保2）年からは、入封した浅野長直により入浜式を採用した大規模な塩田開発を開始。増産体制が確立され、藩財政を支えた。絵は、濃縮した海水を煮詰める塩釜越しに塩浜をとらえている。

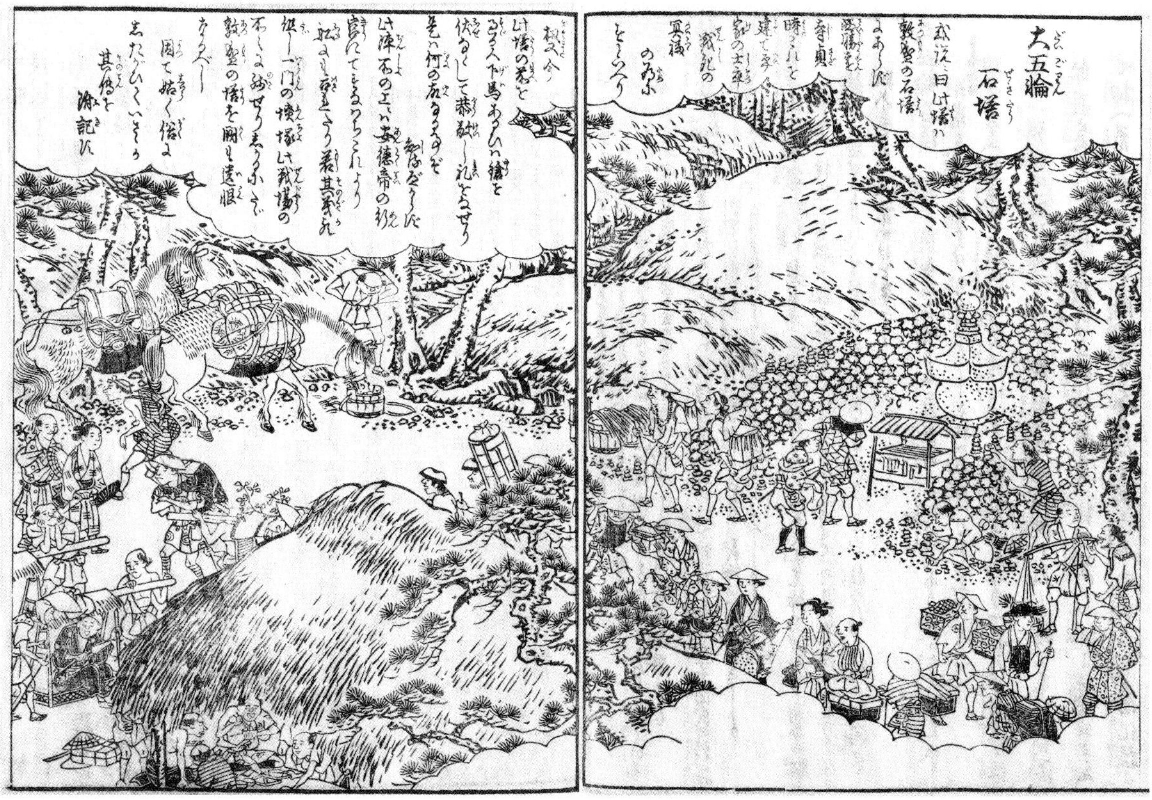

大五輪 石塔

絵の右に、大きな石塔が見える。これを「俗に、敦盛の石塔と云ふ…」と本文で解説している。高さが 3.5m もあるこの五輪塔は、現在、神戸市須磨区一ノ谷町の須磨浦公園内にある。1184 年 2 月 7 日の一ノ谷の戦いで、源氏方の熊谷直実に討たれた平敦盛の供養塔といわれるが、北条貞時が平家士卒戦士の冥福のため 1286 年に建立したという説もある。直実が当時 16 歳の美青年敦盛を見て悲痛な思いで刀を向けるくだりは、無常感にあふれる。能の演目「敦盛」にもなった。

舞子の濱より淡路嶋を望む

舞子の浜は、現在の兵庫県神戸市垂水区の南部に位置する風光明媚な地。今は世界最長の吊橋である明石海峡大橋（全長３９１１ｍ）が眼前に迫る兵庫県立舞子公園となっている。白い砂浜に松林が広がる舞子の浜は、淡路島が望めて人気があった。絵の右方は待合茶屋。男が淡路島を遠眼鏡（望遠鏡）で覗いている。

第3章

寺社参詣の名所図会

詣でて観光もできる寺社への旅をナビゲート

『伊勢参宮名所図会』『厳島図会』
『金毘羅参詣名所図会』『善光寺道名所図会』

『伊勢参宮名所図会』

絵師の蔀関月が挿絵のみならず編纂にも深く関わった、寺社参詣名所図会の傑作

伊勢神宮の内宮は、天照大御神をまつる皇大神宮である。本作では、天照大御神の天岩戸神話を絵にし、本文で解説している。

江戸時代の版本を手に取ると、売れ筋とみられる定番スタイルの模倣が数多く見られる。秋里籬島の名所図会シリーズも同様。ヒット作が連発されると、「あのスタイルで、うちも出そう」と制作に乗り出す者が次々現れた。

ただし、籬島著の名所図会シリーズと重複する地域や街道で対抗しても勝ち目はない。名所図会の企画は、五畿から離れて周辺の地へと広がりを見せていった。新たな挑戦者たちは籬島スタイルに学び、新味も出そうと鎬を削るようになる。地元愛に満ちた武士や裕福な町人も参入し、板元と

三條橋（さんでうのはし）

巻之一は東海道の起点でもあり終点でもある京三條橋（京都の三条大橋）からはじまる。本文の頭に「これより山科までは『都名所』に譲りて、ここにことわりを省く。そのはぶくところに△を以て印とす。故に図も略す。但し洩れたるは補ふ」とあり、『都名所図会』の内容と重複を避ける工夫が読者に伝えられている。絵は橋の一部を拡大し、京都東山の名所を遠望する構図でとらえ、名称も添えている。橋には大勢の人々が往来しているが、伊勢に向かう人、伊勢参りから帰ってきたと思われる旅姿の人たちが強調されて描かれている。

組んで他作に劣らない名所案内書にしようと発刊に燃えるようになる。『〇〇名所図会』の刊行ブームは、幕末、明治時代まで続いていった。

規模の大きい寺社の参詣をテーマとした名所図会も続々登場。先陣を切った本作は、その中でも最高作のひとつといえるだろう。

『伊勢参宮名所図会』は、5巻6冊（5巻は上・下に分冊）と附録2冊の計8冊。1797（寛政9）年5月に刊行された。板元は、京都の小川多左衛門、大坂の高橋平助ほか数軒である。

巻之一は起点の京都三条大橋から。巻之四で伊勢に入る。巻之五では内宮ほか周辺の名所まで詳しく紹介。附録では近江国の名所を解説している。

著者は残念ながら特定できていない。（編・画）蔀関月（しとみかんげつ）、（撰）秋里湘夕（籬島）とされてはいるが、籬島の係わり方は見えてこない。『播磨名所巡覧図会』を書いた村上石田（せきでん）（秦石田）を著者とする説もあるが推測の域を出ない。しかし、絵師で教養もある蔀関月がキーパーソンであることは間違いない。編纂に自ら関わり、現地を伝える数多くの挿絵を描き上げているのだから。

蔀関月は、月岡雪鼎（せってい）から絵を学んだ大坂の絵師である。本作のほか『日本山海名産図会』でも達者な絵を披露している。挿絵で画才を開花させた丹羽桃溪（とうけい）、中井藍江（らんこう）、岡田玉山は、関月の門人。肉筆の美人画や山水画も残した関月だが、本作刊行年の10月に51歳で没している。

宮川東岸

豊宮川とも云

の時も両宮の神官より人を出だし、参詣人を渡さしむ」とある。絵を右から見てみよう。小俣から来た渡し船が今到着。下方では、伊勢参りを終えて帰る人たちが乗船しようとしている。岸辺の小屋（2か所）では名物の田楽を売っている。左頁中央には手代（御師の使用人）がいて、今来た参詣者を迎えている。近くの駕籠は、タクシーのように客待ちしている。

伊勢神宮は天照大御神をまつる内宮（皇大神宮）と豊受大御神をまつる外宮（豊受大神宮）がある。宮川は外宮の禊ぎを行う川で、かつては豊宮川といわれていた。架橋はされなかったので、参詣者は無料の渡し船に乗り、外宮を擁する山田の町に渡った。本文に「山田の入口なり。これより外宮北御門まで三十町（約 3.3㎞）。（中略）渡し船は昼夜を分たず、満潮

間の山（あひのやま）

る。右頁の小屋掛けでは、若い２人の女性が三味線を弾いて歌っている。名前は、お杉、お玉と決められ、何代も続いたという。近くで男が投銭に興じているが、飛んできた銭を素早くよけたり、撥で受けたりすることも、お杉、お玉の得意芸だった。左頁では、親子でささらをすり、踊りなどの芸を披露している。

外宮から内宮までの距離は約 5㎞。参詣者はそれなりに歩くのだが、神聖な両宮とは裏腹に、土産物屋、茶屋、大道芸、遊戯施設、古市の遊郭などが続く。両宮のあいだの道は、俗の楽しみが次々待ち受ける散財道だったのだ。絵は、妙見町の先にある「間の山」という坂で、娯楽の場としてにぎわった。浮かれ気分で参詣者の大半が右方向の内宮へ向かって歩いてい

内宮宮中圖（ないくうきうちうのづ）

せるのである。正殿の両脇には、東宝殿と西宝殿が建っている。左隣の同じ広さの敷地には、式年遷宮前の古殿が見える。伊勢神宮の式年遷宮は、外宮も内宮も20年に１度行われ続けている。正殿の前には、複数の御門と鳥居が立つ。「一生に一度はお伊勢さま」といわれた江戸時代、ここに全国からどのくらいの人々が参詣に訪れたのだろう。

外宮と内宮を描いた絵は、ともに３見開きある。この絵は内宮の最初の見開き（其一）で、正殿を斜め上空からとらえている。この左頁にぴったり繋がるように、其二、其三の見開き絵が絵巻のごとく横に広がっていく。広大な伊勢神宮にふさわしい構成で、厳かな雰囲気が伝わってくる。其三に描かれた参詣者は正殿に向かい、ようやく念願の伊勢参りを完遂さ

『厳島図会』

本作は、安芸国（あきのくに）の厳島（「宮島」とも呼ばれる瀬戸内海の小島で、現在の広島県廿日市市宮島町）にある厳島神社とその周辺を紹介している。

丁寧につくられた全10冊の大作で、5巻5冊の『厳島図会』と5巻5冊の『厳島宝物図会』から成る。１８４２（天保13）年に刊行。板元は大坂の河内屋儀助のほか、樽屋惣左衛門など地元広島の板元も名を連ねている。

著者は、安芸広島藩士で国学者の岡田清。絵を学び、和歌も詠んだという清は、編纂の万全を期すため、周防の国学者・田中芳樹に校閲を依頼した。本書に掲載された芳樹の序文（天保7年）には、刊行のいきさつが書かれていて興味深い。

要約すると、「安芸に住む宮崎之意は、籬島の名所図会シリーズが地元におよんでいないことに気づいた。そこで『厳島図会』の企画を思い立ち、藩士の岡田清に相談したところ、『おのれがもとに』編纂して出版しようと賛同を得た」とある。清、芳樹、之意は「かねてむつましくかたらふ友」と記されていることから、仲のいい3人が協力し合って『厳島図会』の制作にのめり込んでいった様子が想像できる。

大鳥居の圖（おほとりゐのづ）

挿絵の大半は、山野峻峯斎が描いている。峻峯斎は広島藩の御用絵師として知られる。そのほかの絵は、10人くらいの絵師が分担して競うように腕を振るっている。

『厳島図会』は、変化に富んだ多彩な挿絵が数多く掲載されていて見飽きない。歌川広重の錦絵「六十余州名所図会」シリーズ中の「安芸　厳島祭礼之図」（１８５３年刊）は、本書にある「大鳥居の圖」などの複数の絵を参考にしている。『厳島宝物図会』でも、神経が行き届いた細密画に魅せられる。絢爛豪華な平家納経（現在、国宝）ほか、甲冑、檜扇、唐櫃など、さまざまな宝物が丹念に描写されている。

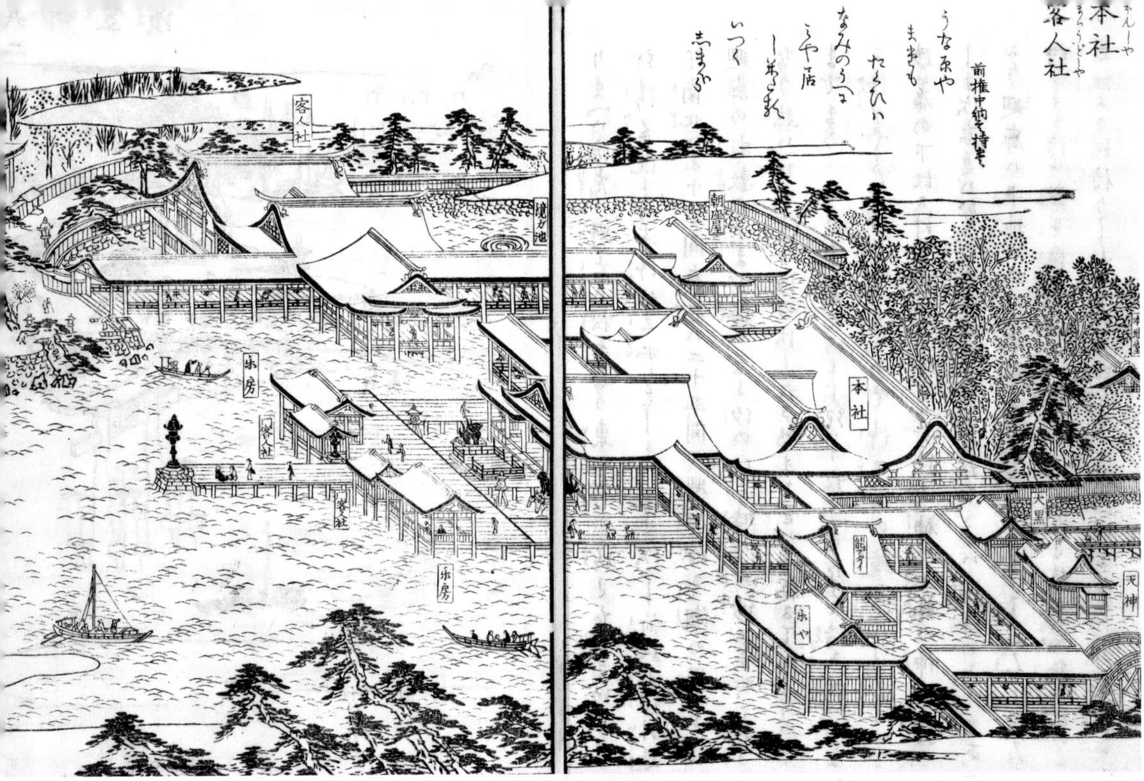

本社 客人社

安芸に暮らす宮崎之意、安芸広島藩士の岡田清、周防の国学者・田中芳樹が本作にかけた熱意は、絵師にも伝わったようだ。挿絵も丁寧に描写されている。入り江に建てられた壮麗な社殿は、満潮時に海に浮かんだような姿を見せる。「本社」とある建物が本殿である。現在は、絵の左奥に位置する東回廊から入り、摂社の客神社（絵では客人社）を参拝して本殿へと向かう。拝殿で参拝したあとは、絵の右下に見える西回廊を歩く。海上には能舞台（76・77頁参照）が見える。

本社から約200m先の海中に大鳥居が立っている。満潮時には本社と同様、海に浮かんでいるように見えるが、潮位がぐんと下がると柱の根元まで歩いて行けるようになる。絵は、干潮時に集まる人々を描いている。大鳥居は何度も災害に遭いながら再建されてきた。絵の大鳥居も、1850（嘉永3）年に大風で大破してしまう。1875（明治8）年に再建。それが現在の大鳥居である。当時と今の姿に大差はない。2本の主柱は、それぞれ2本の神柱をつなぎもつ。

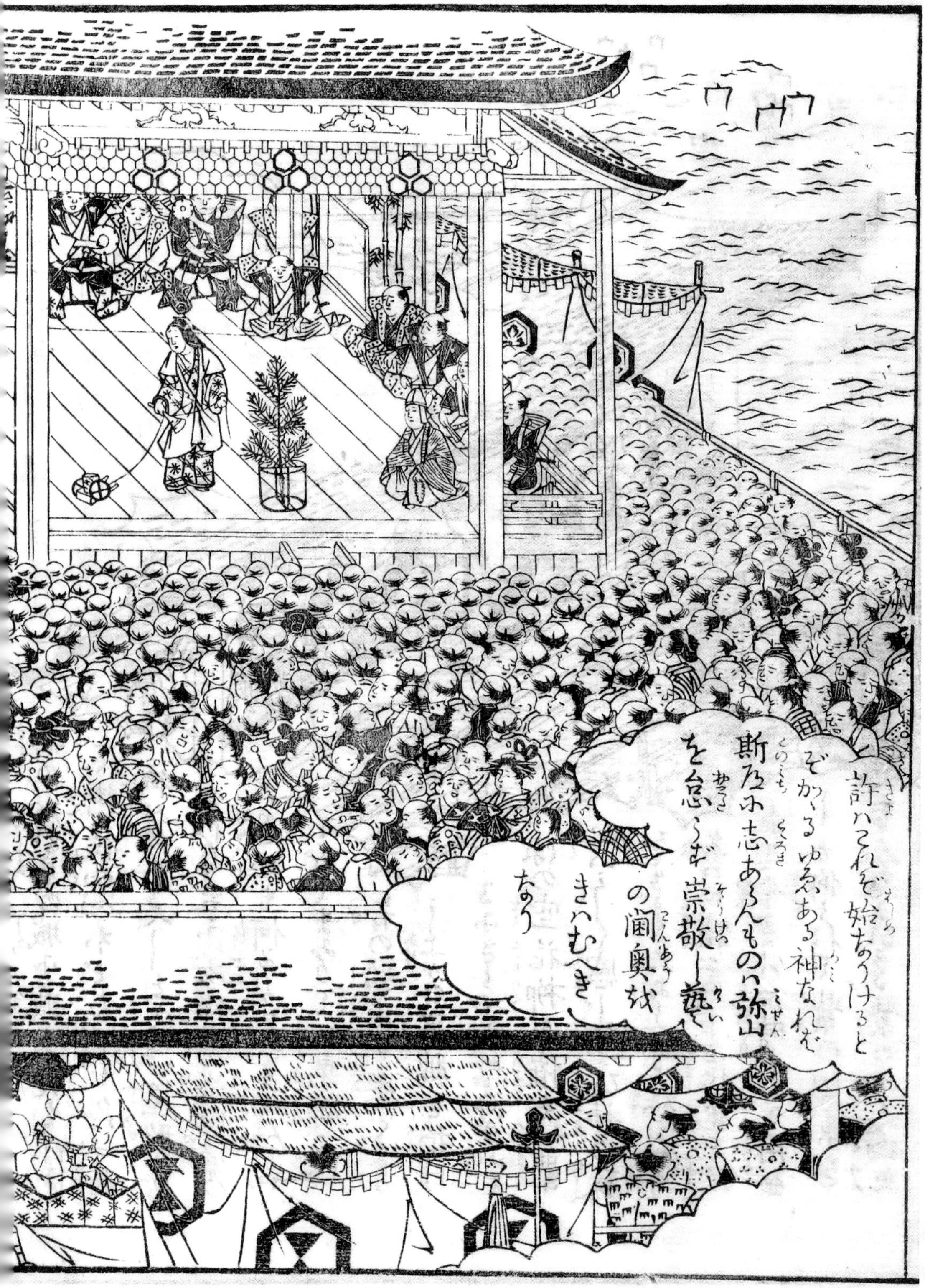

に見える。海上の能舞台は独特の演出効果を生み、演能されるごとに多くの観客を集めるようになった。絵の手前と左の上席は、西回廊が使用されている。その前に観客がひしめいている桟敷席は普段は海である。演能時にのみ特設された客席と思われる。絵の舞台は1991（平成３）年に台風で倒壊。その３年後に復元を果たした。

嚴島神社の本殿近くには、能舞台もつくられた。本文でもふれられているが、1568（永禄11）年に仮の能舞台が入り江に設置されたという。このときは下向した観世太夫が招かれて、「二人静」「松虫」「高砂」などが舞われたという。絵の建物は、1680（延宝 8）年、広島藩主・浅野綱長により改築された能舞台である。満潮時には、この舞台も海上に浮かんでいるよう

紅葉谷 納涼

厳島の名所・紅葉谷の本文には「幽邃清閑にして澗水の音のみ潺々として石の上を奔れり。岸の両辺には楓樹多く、秋されば紅錦を曝すがごとし。所の名実にそむかず。三伏の炎暑には青葉が陰に仮庇を設け、茶を煮、餅をつくりて涼客を饗す。一区の勝地なり」とある。簡潔で心地よく、音読したくなるほど味がある。現在は紅葉谷公園となり、多くの人々に親しまれている。秋になると、およそ700本の紅葉が一斉に色づく。

塔岡 楊枝店

厳島図会

木工細工による厳島（宮島）の土産物といえば宮島杓子を思い浮かべてしまうが、江戸時代は五色に染められた色楊枝がよく売れた。楊枝は歯を清める用具として仏教とともに日本に伝わり、今日の歯ブラシのような役割をもつようになった。絵は、嚴島神社に程近い塔岡（塔の岡）の楊枝店。２軒ならび、左上の店でも客が楊枝を買い求めている。右の店の屋根には猿がいる。猿は楊枝屋の宣伝に一役買っていたという。鹿は今も島内に生息している。

庶民憧れの参詣地で観光も楽しめた「こんぴらさん」の名所図会。暁鐘成が編纂

『金毘羅（こんぴら）参詣名所図会』

当時流行した規模の大きい寺社参詣といえば、讃岐の金毘羅大権現を抜きには語れないだろう。壮麗なる社殿は、現在の香川県仲多度郡琴平町にある象頭山の中腹に鎮座している。ここは古来、神仏習合の金毘羅大権現を「こんぴらさん」と呼び親しまれてきた。

現在の「金刀比羅宮」は、明治元年の神仏分離令で改められた神社名である。

「金毘羅」は、サンスクリット語「クンピーラ」の漢訳語からきているとされる。この単語は、インドのガンジス川にいるワニを神格化した水神のことをいい、この地に伝わると、漁業や航海の守護神、祈雨の神として信仰されてきた。

江戸時代の後期になると、ほかのさまざまな御利益もあるとして金毘羅参詣は庶民が憧れをいだく観光旅行と化し、伊勢参りに次ぐほどの参詣地となった。金毘羅講が結成され、大坂から丸亀までを結ぶ乗合船「金毘羅船」が頻繁に往復するようになると、船旅の楽しさも加わり人気に拍車がかかった。

1797（寛政9）年刊の『伊勢参宮名所図会』が当たり、十返舎一九は1810（文化7）年刊の『金毘羅参詣 続膝栗毛』で、弥次さん喜多さんをこの地に向かわせた。「ならば『金毘羅参詣名所図会』もあるべき」と編纂に着手する者が現れても不思議ではない。

『金毘羅参詣名所図会』は6巻6冊。1847（弘化4）年に刊行された。著者は暁鐘成（あかつきのかねなり）。挿絵は浦川公佐が担当。ふたりは讃岐の人ではなく大坂の人である。

暁鐘成（木村明啓）は、若くして狂歌を詠み、戯作者となり作家活動をはじめた。博学で知られ、版本の挿絵も手がけている。しかし創作に限界を感じたのか、籬島の名所図会スタイルをお手本とする新たな名所図会の取材・執筆へと軸足を移していった。その著作は、『天保山名所図会』（1835年刊）、『西国三十三所名所図会』（1853年刊）、『花洛名勝図会』（26頁参照）、『淡路国名所図会』（122頁参照）など7作にもおよぶ。

『金毘羅参詣名所図会』では、刊行の前年に約2か月の取材旅行に出ている。類書を活用してスピーディーに編纂。絵師の浦川公佐は、ひとりで巧みに名所絵をまとめた。読者の好奇心を満足させる鐘成の構成は、手慣れたものである。

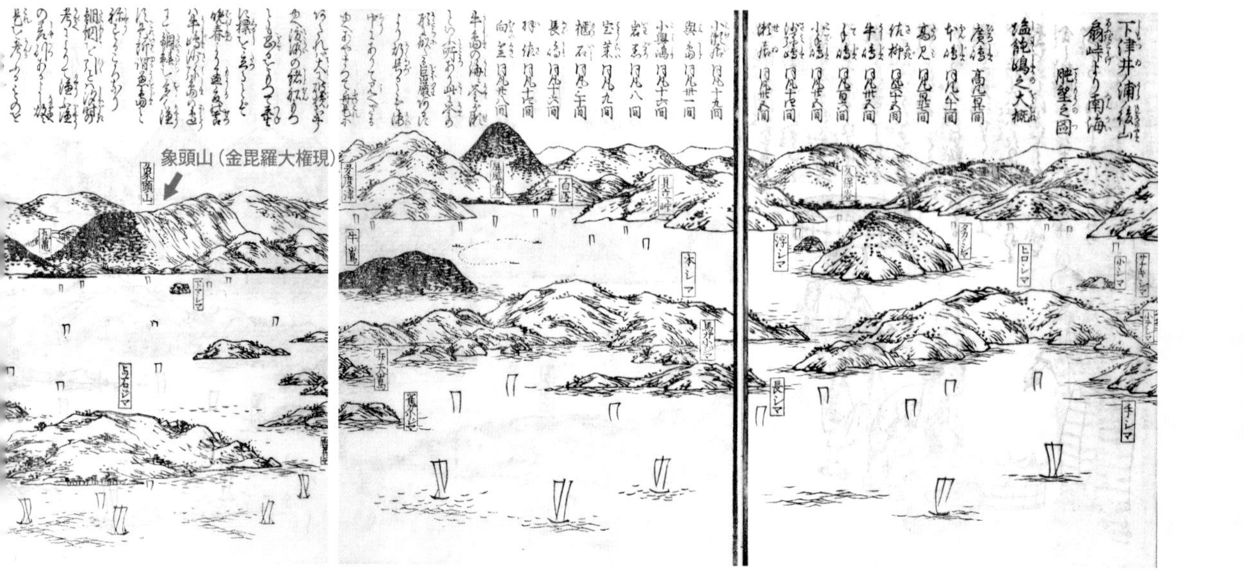

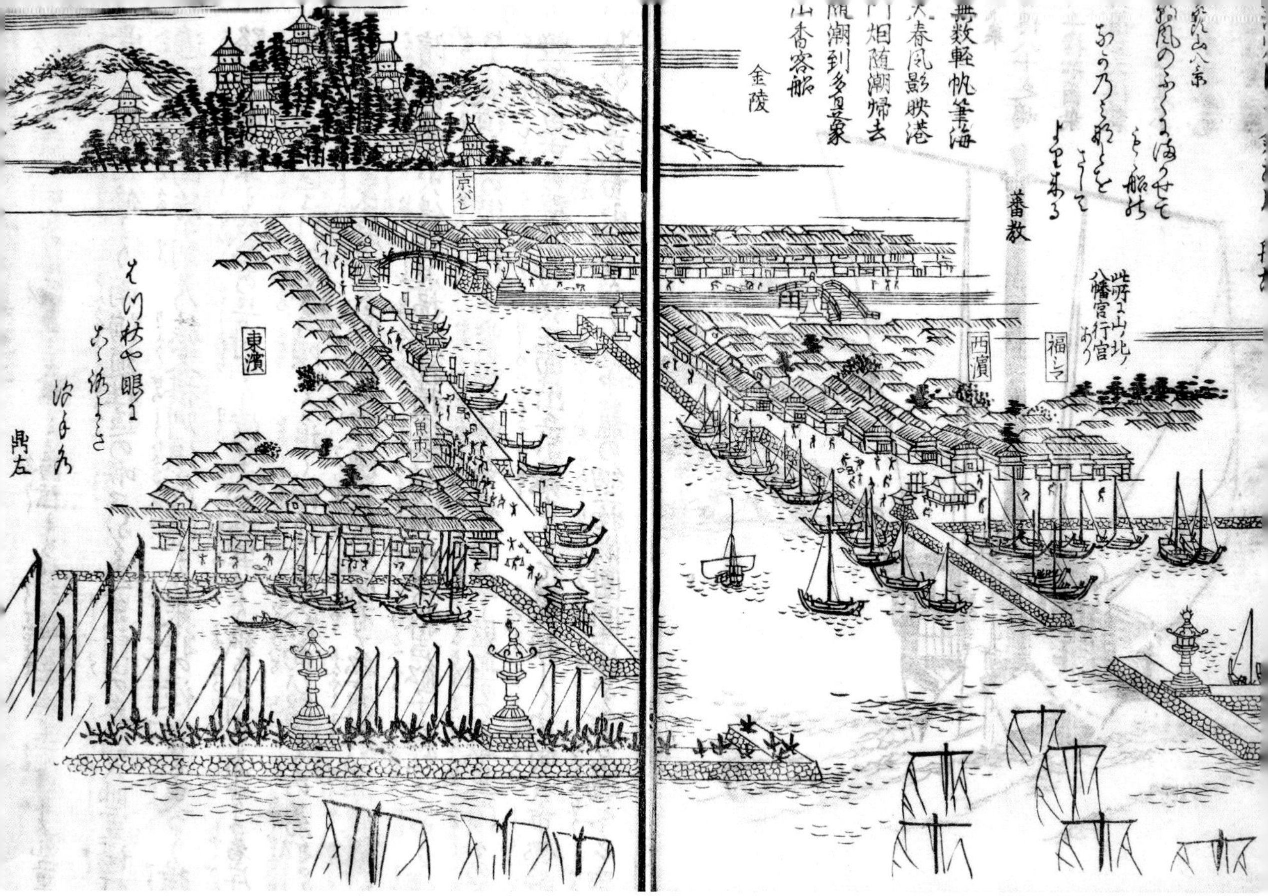

讃州圓亀鎮城川口船場

本文には「備前の下津井より船にて丸亀へ渡る」とある。著者一行は、下の絵の眺望をスケッチした後、船でこの丸亀湊に渡ったようだ。絵の上部には、丸亀城も見える。この大きな湊には、大坂からの乗合船「金毘羅船」も頻繁に往復するようになり、新たな船着場が次々造られたという。

湊で働く女たち

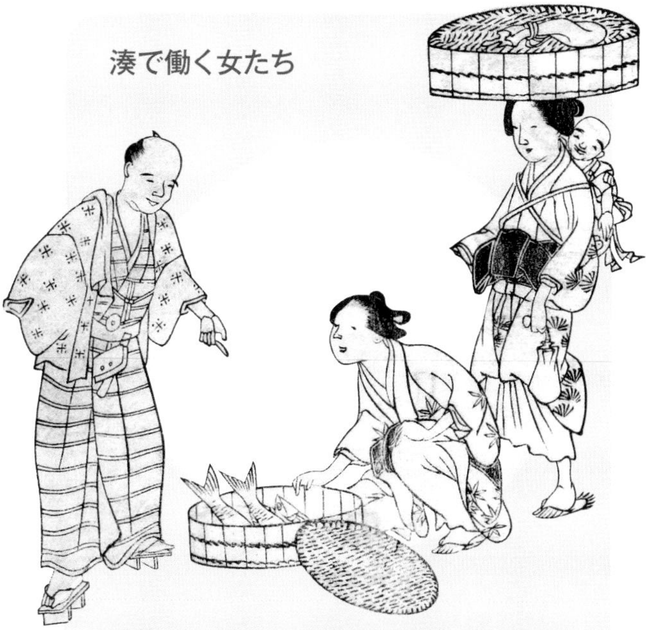

画中の文に「女といへども男にしたがひて船にのりてともにはたらき、また得たる魚どもを盥のごとき器に入て頭にいただき、子を負い懐にいだきて市にはこび湊にもちゆきて是を販ぐ。もっとも暑寒の差別なくその艱難いふべくもあらず」とあり、鐘成は女性たちの仕事ぶりも紹介している。

下津井ノ浦ノ後山扇峠より 南海眺望之図 塩飽嶋之大概

下津井ノ浦とは、現在の岡山県倉敷市、児島半島南端に位置する湊のこと。背後に扇峠と呼ばれる小高い山があり、登ると茶亭があったという。絵は、そこから瀬戸内海とその先の象頭山を眺望している。小さな島々は、塩飽諸島である。今は、絵に示されているヒツ石ジマ、与シマの上に瀬戸大橋が架かっている。

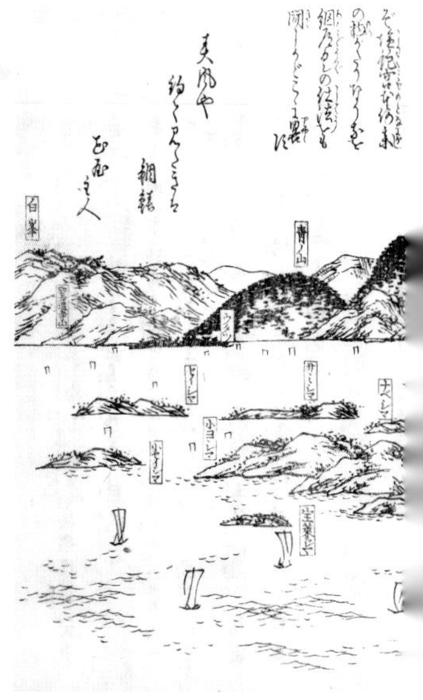

象頭山御本社

丸亀湊から丸亀街道に入り、象頭山御本社（金毘羅大権現）の門前まで歩くと約12㎞ある。門前には、旅籠や芝居小屋などの遊興施設がならび、にぎわった。象頭山の中腹にようやく足を踏み入れると、絵のような建物が次々眼前に現れる。本社、拝殿に辿り着くまでは、いくつもの階段を上ることになる。立体的に広がる荘厳な空間に身を置いた参詣者は、長旅の疲れを吹き飛ばす充足感が得られたことだろう。拝殿あたりから瀬戸内海を望むと、素晴らしい眺望が広がった。

（拝殿の傍なる玉垣の返より北の方を眺望…）

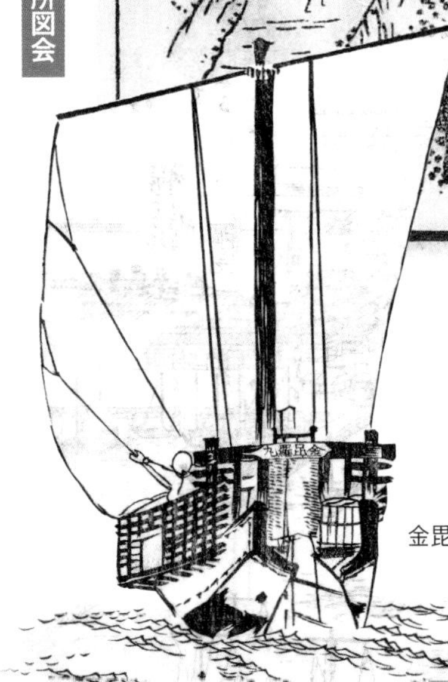
金毘羅船

拝殿近くからの眺め。画中に「拝殿の傍なる玉垣の辺より北の方を眺望すれば、海上の島々浦々郷々まで一望に見えわたり、就中讃岐の富士と号す飯の山をはじめ、丸亀、鵜足津、八栗、五剣山、備前の児島まで見えて絶景いふばかりなし。夕陽のころ一入よし」とある。

名刹・善光寺の参詣をメインとし、信濃国内の街道付近にある名所も多数紹介

『善光寺道名所図会』

凡例に、「此書は信濃一國の内を出ず。洗馬驛の分街より桔梗が原を松本へかかり、善光寺へ詣ふで、追分驛に到る。其間の名所古跡神社仏閣を載す」とある。

つまり本作は、信濃国に限定。中山道の洗馬宿を起点として北国西往還（善光寺街道）に入り、桔梗ヶ原（塩尻）、松本を経て、篠ノ井追分宿で北国街道に入り、善光寺を参詣。そこから再び北国街道に入り、上田宿を経て江戸方面に向かい、中山道の追分宿を終点とする「名所めぐり図会」なのである。

庶民が「一生に一度は参りたい」と願った名刹善光寺は、現在の長野県長野市にある寺院である。宗派は問わず、念仏を唱えて祈ることで極楽浄土に導かれるとして民衆に支持されてきた。当時は女性の善光寺参りも多かったという。

『善光寺道名所図会』は、1849（嘉永2）年に刊行された。編・画は、豊田利忠（庸園利忠）。校正補画として、小田切春江（春江忠近）の名が記されている。板元は名古屋の美濃屋伊六。発行者として、信州松本、伊勢、大坂、江戸の書林も名を連ねている。

豊田利忠は美濃国今尾藩士で、学問に励み、漢詩集や茶道の書も著した趣味人として知られる。秋里籬島著の『木曽路名所図会』に善光寺が掲載されていないことを残念に思い、1830（天保元）年頃、本作の編纂を思い立ったという。藩務の余暇を利用して進めた研究、編纂であることから、刊行までに長い年月を要したが、名所図会制作に欠かせない現地踏査も限られた日数ながら熱心に行っている。

尾張藩士で画才に長けた小田切春江は、利忠から渡された下絵をもとに名所絵を仕上げた（「校正補画」が、このことを示す）。春江は『尾張名所図会』（110頁参照）の挿絵も数多く描いている。

下浅間の温泉は上浅間より引なり

現在は長野県松本市の浅間温泉。画中の文で、温泉を屋内に引き入れる内湯にふれ、「家毎に温泉を筧にて取り、滝のごとく湯槽へ落とし入れ、昼夜流るる」と解説している。本文には、「温泉は尋常と異り臭気なく清潔にして、飯を炊ぎ茶を煮るに風味美しく、効能また著し。遠近の旅客、浴の間は宴を催し、花の明仄・月の暮、戸々に倡歌の声たえず、これもまた養生の一助なるべし」とある。絵を見ると混浴のようで、2階はくつろぎのスペース。庭は手入れが行き届いている。

絵の右下に、北国街道の坂木宿（現在は長野県埴科郡坂城町）が見える。ジグザグした道を抜けると、左頁に「横吹」とある山腹に入る。断崖の細道が続くこの道は、「横道八丁」といわれる北国街道最大の難所だった。その下には千曲川が流れている。目眩がするほど危険な道だったので、大名も駕籠から降りて通ったという（現在は通行できない）。

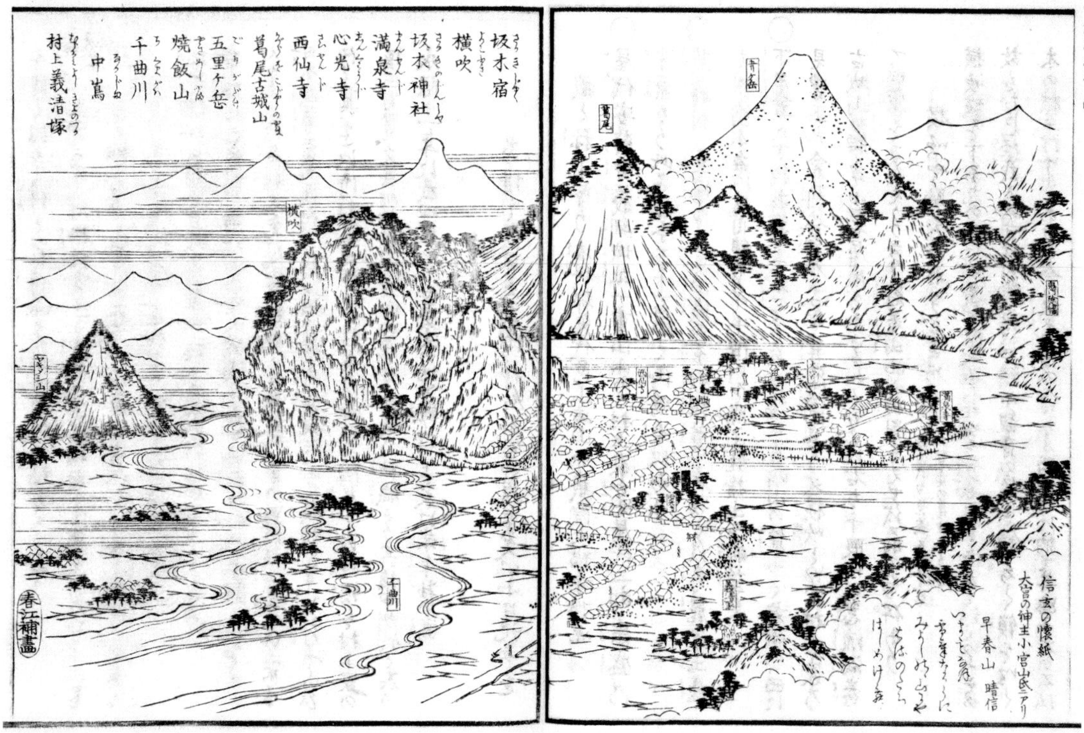

坂木宿　横吹

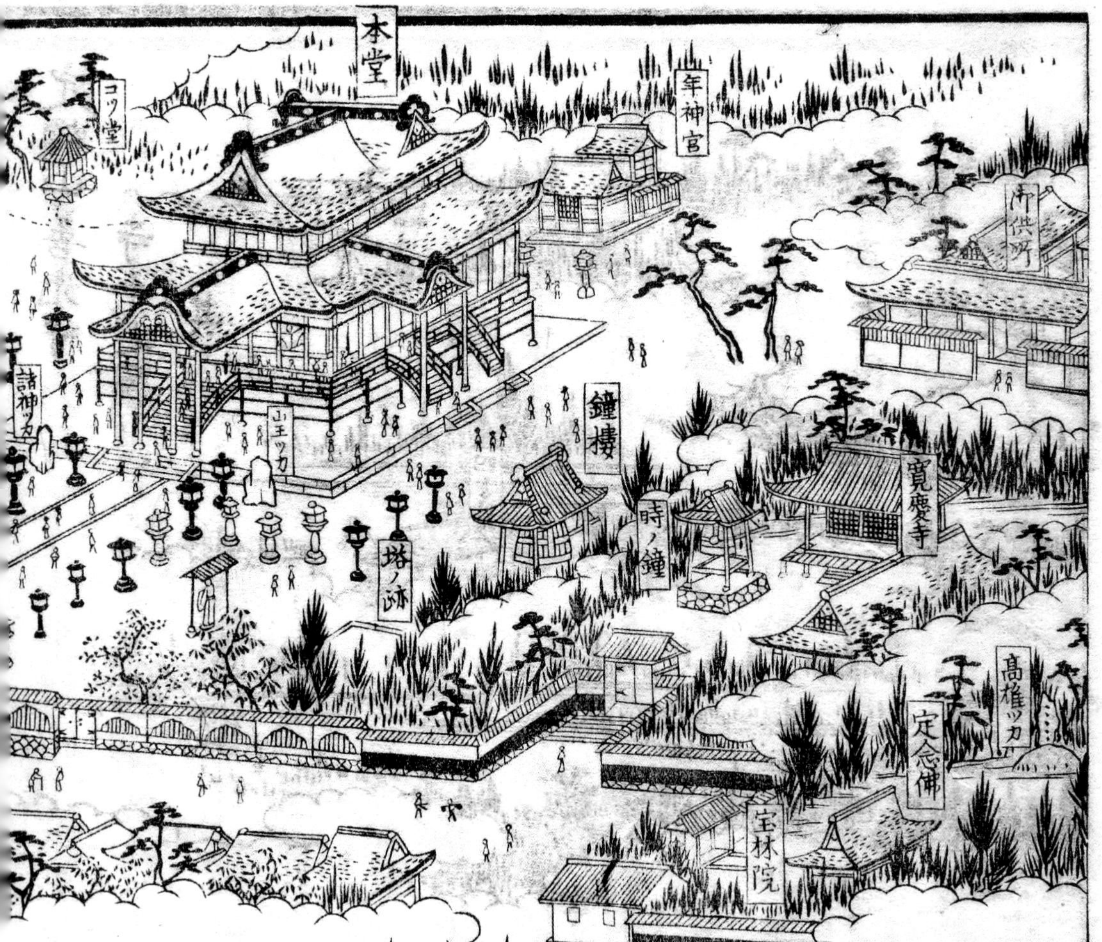

1750（寛延３）年に建立された三門は、本作刊行の２年前（1847年）に発生した善光寺地震（推定 M7.4）により損傷を受けた。現在は修復され、二階を参拝して眺望を楽しむこともできる。善光寺地震の当日は本尊の開帳があり、全国から7,000～8,000人の参詣者が押し寄せていたという。夜９時ごろに揺れて、火災により約９割の人が亡くなった。二王門は焼失。絵は、地震前の姿を描いている。近くには、宿坊が建ちならんでいる。

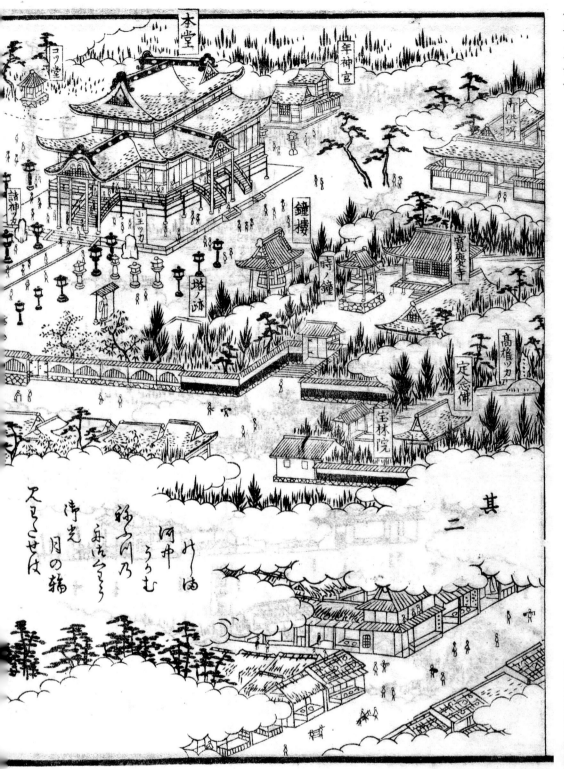

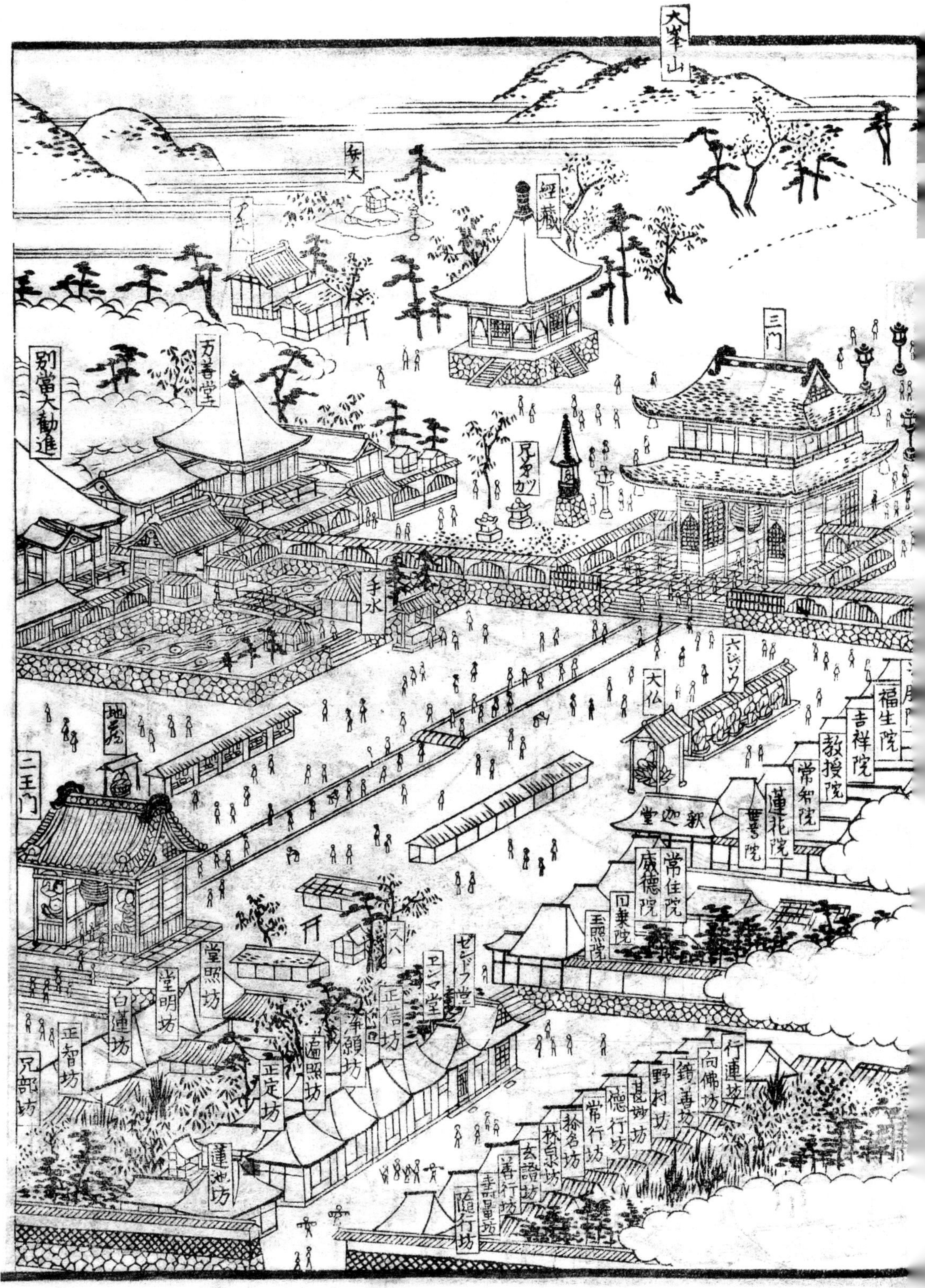

善光寺を俯瞰した絵は、４頁に渡りワイドに描かれている。上の絵は見開き掲載の２頁で、めくると左右に１頁ずつ横につながる絵が鑑賞できる趣向だ。二王門（仁王門）、三門（山門）、本堂が一目してわかるように頁構成を工夫したのだろう。伽藍の造営は644年と伝わるが、以後幾度となく大火に遭ってきた。歴史ある大規模寺院の多くは、災害の歴史もあわせもつ。本堂は1707（宝永４）年に再建された建物（国宝）で、現在と変わらない姿が描かれている。

第4章

江戸名所図会

今も江戸研究に欠かせない名所案内の名著

『江戸名所図会』

親子3代にわたり完成させた江戸名所案内の決定版。絵師の長谷川雪旦が全画を担当

上方からはじまった『名所図会』の刊行ブームは、江戸にも押し寄せた。

江戸編の制作に名乗りを上げたのは、神田の町名主・斎藤幸雄（長秋）である。幕府の出版許可は、1798（寛政10）年5月に下りた。ちなみにこの年には、秋里籬島著『摂津名所図会』の新作8冊が刊行されている。『都名所図会』の刊行からは18年の時を経ていた。

しかし、『江戸名所図会』はすぐに刊行とはいかなかった。出版許可が下りた年から刊行が終わるまでに38年もの歳月を費やした。当初の計画では全8冊、画工は北尾重政だったが、幸雄は草稿を残して寛政11年に63歳で没したのである。

道半ばで頓挫した『江戸名所図会』の編纂は、婿養子の幸孝（県麿）が引き継いだ。町名主の仕事は煩雑だが、義父の草稿を無駄にはできない。幸孝は協力者の力も借りて、義父がやり残した取材を再開。草稿の校訂に打ちこみ、名所案内の範囲を郊外まで広げる努力もした。

1801（享和元）年ごろには、江戸の絵師・長谷川雪旦が重政に代わり挿絵を担当することに

本町薬種店

重要地の大店も名所として紹介している。ここは現在の中央区日本橋本町。入府した徳川家康は大規模な都市計画に着手し、幕府を開くと日本橋の周辺を江戸の中央とした。この地は最初に町割を行った「おおもとの町」なので、「本町」というのである。この一等地は商業地域として、全国から大店が進出してきた。薬種問屋は本町三丁目に集まり、とくに絵に描かれた「いわしや」が繁昌、店舗数を増やしていった。看板が多く、宣伝に力を入れたことがよくわかる。下の『江戸買物独案内』にも、総本家の案内が掲載されている。

家傳 名法 本家いわしや 調痢丸
神法 錦袋子
仙傳 白龍香
安體湯
熊膽 黒丸子
唐和線香類
外科道具 品々
本町三丁目 惣本家いわしや 薬種問屋 市左衛門

『江戸買物独案内』1824（文政7）年刊

なった（理由は不明）。雪旦はやりがいを感じたのか、ひとりで全巻すべての挿絵を引き受けた。

雪旦の絵は端正で構成に優れ、あらゆる層の人物を生き生きと描き分けた。幸孝は画の大黒柱を得て、心強く感じたことだろう。刊行後には曲亭馬琴も雪旦の名所絵を絶賛している。幸孝と雪旦は、秋里籬島と竹原春朝斎に匹敵する名コンビとなり、江戸と郊外を取材しながら写生していった。雪旦は、現地踏査の様子をコミカルに伝える挿絵も描いている（7頁に掲載）。

ところが、刊行が見えてきて、先行の巻が板木作業に入り、雪旦の挿絵もあと7、8枚を残すのみとなったとき、幸孝は47歳の若さで急死する。1818（文化15）年のことである。引き継いだのは、まだ15歳の息子の幸成（月岑）だった。

家督を相続した幸成は、雪旦ほか関係者の協力も得ながらまとめ上げ、三代にわたった念願の刊行を果たした。

『江戸名所図会』は大本で、全7巻20冊。当初予定の倍を越える冊数となった。まず1～3巻の計10冊を1834（天保5）年に刊行。その2年後に、4～7巻の計10冊を刊行。板元は、江戸の須原屋茂兵衛ほかである。

国学、漢学、画を修めた博識の幸成は、その後、本業に精を出しながら文化人としても活躍。『東都歳事記』など多くの書を著し、1878（明治11）年に75歳で没した。

日本橋魚市

雪旦は滑らかな筆さばきで、魚市に来た人々や板舟に乗せた魚などを丁寧に描いている。日本橋の魚市は、家康に呼ばれて大坂から江戸に移住した漁師たちによって開かれた。御用魚を納め、残りの魚を売ることからはじまった魚市は、日本橋川北岸沿いに江戸橋付近まで拡大。元禄期以降は、１日に千両の商い（朝千両）があったという。

活気あふれる日本橋の魚市（魚河岸）。画面から威勢のいいかけ声が聞こえてきそうだ。本文に「遠近の浦々より海陸のけぢめもなく、鱗魚をここに運送して、日夜に市を立て、甚賑へり」とある。鍬形蕙斎も『東海道名所図会』の江戸担当絵師として日本橋の魚市を描いている（本書56・57頁に掲載）。長谷川雪旦は、その絵のアップにチャレンジしたのではないか。

両國橋

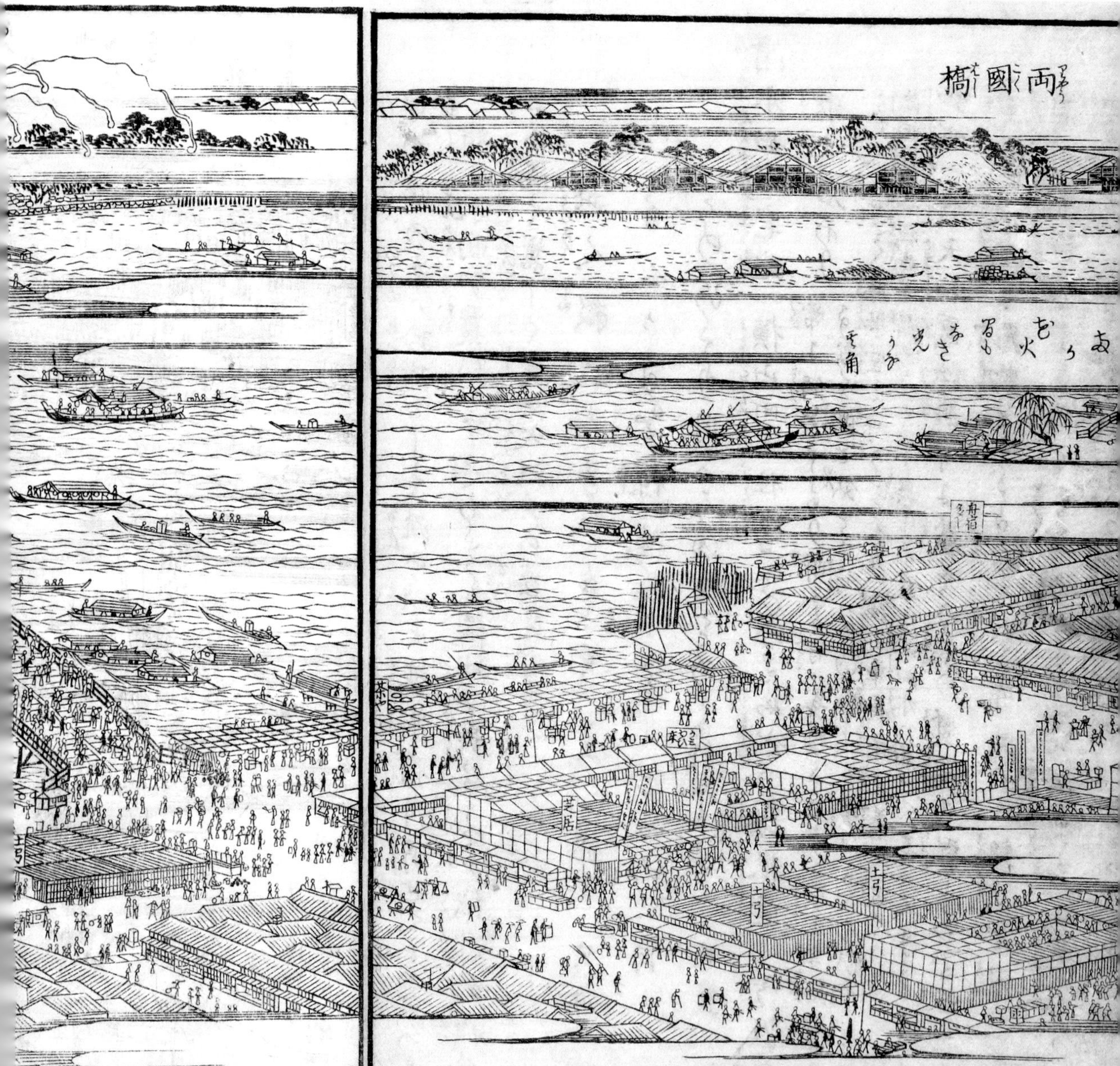

版が数多く摺られ出回った。しかし本作の墨１色絵も悪くない。誇張に走らず引いた上空から淡々ととらえた描写は、当時の実感が滲み出ていて味わい深い。本文には「此地の納涼は、五月二十八日に始り八月二十八日に終る（注:旧暦）。常に賑はしといへども、就中夏月の間は、尤盛なり。陸には観場所せき斗にして、其招牌の幟は、風に飄て扁飜たり。両岸の飛楼高閣は大江に臨み、茶亭の床几は水辺に立連ね、燈の光は玲瓏として流れに映す。楼船扁舟所せくもやひつれ、一時に水面を覆ひかくして、あたかも陸地に異ならず。絃歌鼓吹は耳に満て囂しく、実に大江戸の盛事なり」とある。

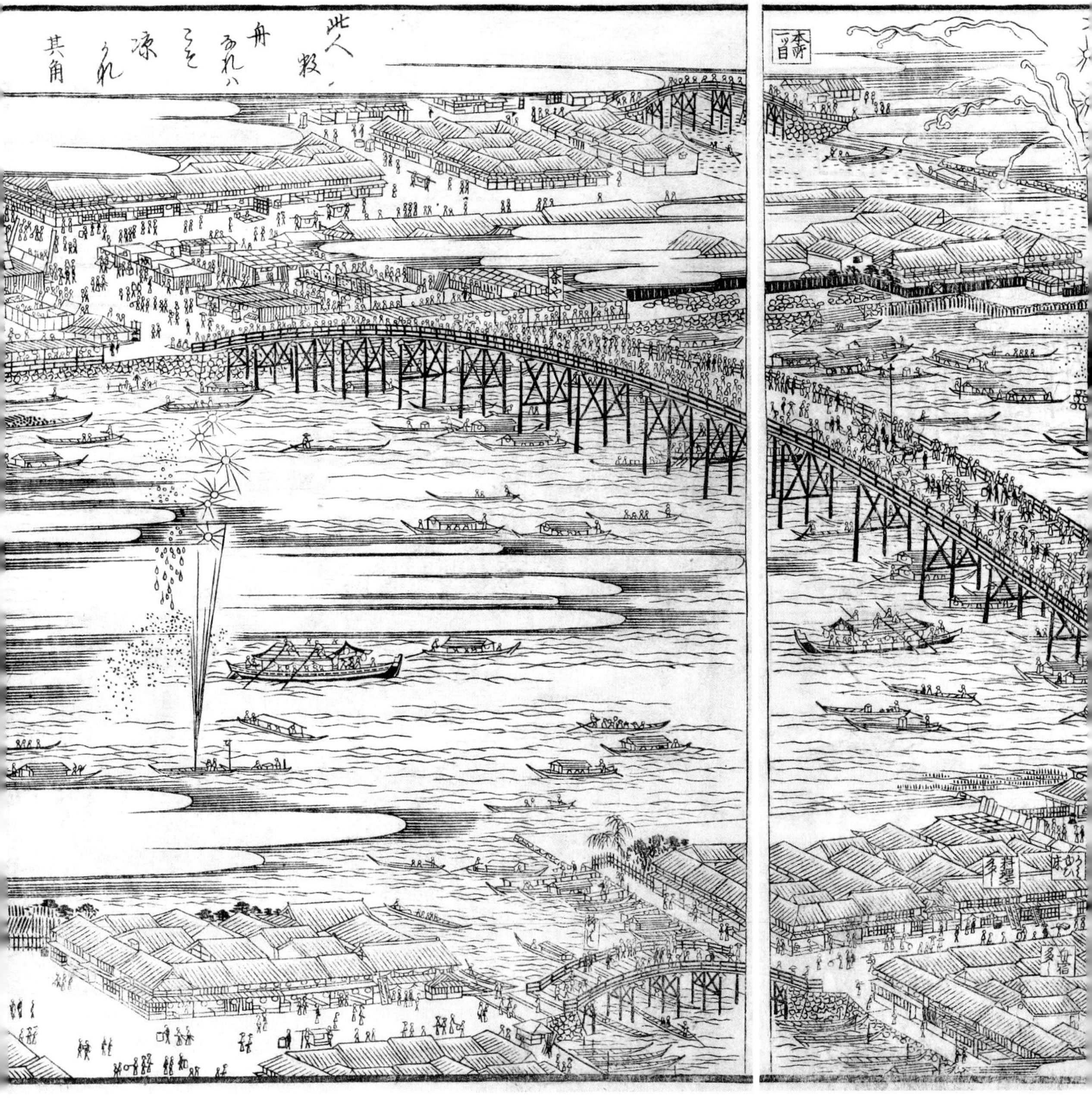

両国橋を中心に両国で毎年開かれていた納涼のにぎわいを、3頁に渡り絵にしている。最初の両国橋は、明暦の大火の2年後となる1659（万治2）年に完成した。旧名は「大橋」である。両国の川開きは1733（享保18）年からはじまり、涼を求めた群衆は夜空に輝く花火を大いに楽しんだ（ただし江戸時代の打ち上げ花火は、丸く開かなかった）。橋の上は人だかりが絶えない。隅田川には所狭しと大小の屋形船、物売りの船が漕ぎ出している。橋の両側では、火除地とされた広小路に飲食の屋台や仮設の遊戯場などがたちならび客を集めている。この光景はフルカラーの錦絵にもってこいの題材であったことから、三枚続の豪華

鎌倉町 豊島屋酒店 白酒を商ふ図

が渡されたが、気の短い江戸っ子は行儀良く待てない。早く白酒と引き換えたくて我先に入口に押し寄せた。絵はその混乱ぶりを描いている。毎度の混雑に備え、櫓に医者と鳶の者を待機させていたというから驚く。この日、白酒だけで約1,400樽が売れたという。通常の日も、特製の味噌田楽などをつまみに酒が安く飲める超人気店として客足が途絶えなかったという。

例年二月の末鎌倉町豊島屋の酒店に於て雛祭の白酒を商ふ是を求んとて遠近の輩黎明より肆前に市をなして賑へり
入口

左頁の「入口」付近に、お目当ての品を求めて人々が殺到している。店の名は豊島屋酒店。鎌倉町（現在の千代田区内神田一丁目）にあった繁盛店で、今も場所を変えて商っている。当時この店では、毎年２月25日（旧暦）になると雛祭り用の白酒を販売していたのだが、味が良くて安いと評判になり、開店前から大行列ができるようになった。客には整理券

佃島 白魚網

い島に築造したのである。摂津国の佃村から来たので、島名も佃島とした。幕府から白魚漁の特権を得た漁師たちは、捕れた魚を早朝江戸城に納め、余った魚を日本橋の魚市で売るようになった。絵の漁師たちは、夜間に篝火をたいて四つ手網を器用に操り、網を水中に潜らせたり引き上げたりしながら白魚漁に精を出している（大あくびをしている者もいるが……）。

右上に佃島が見える。隅田川の河口にあった小島で、現在は周囲が埋め立てられ、中央区の南東部に位置する。90・91 頁の解説文に「日本橋の魚市は、家康に呼ばれて大坂から江戸に移住した漁師たちによって開かれた」と記したが、佃島は、その漁師たちが移り住んだ江戸の地だった。ただし、もとからあった島ではない。漁師たちが幕府より拝領した砂州を、住みやす

六所宮 田植

宮祭礼之圖」と題し５頁続の挿絵入りで詳しく解説している。絵はその翌日に行われていた「御田植の神事」を描いている（この地は現在、東京競馬場）。朝、田に苗を植えたあと、踊り、相撲を催したという。苗はことごとく泥に浸ったが、翌朝になると直立していたという。本文には「當社七奇事の一とす」とある。

六所宮とは、現在の東京都府中市宮町に鎮座する大國魂神社のことである。武蔵国の守り神とされる主神の大國魂大神ほか８神をまつる。このうちの６神が武蔵国の有力神として本殿の東殿と西殿にまつられていることから、六所宮、六所明神とも呼ばれるようになった。歴史あるこの神社の「くらやみ祭」と称される例大祭は名高い。本作では「五月五日 六所

浅草海苔

を付着させて育てるヒビ（当時は木の枝）が海面上に顔を出している。右下の男は、紙を漉くように海苔を漉いている。右中央では、その海苔を干している。左中央の看板には、「名物御膳干海苔製所」とある。江戸城や寛永寺、徳川御三家に納めている最高級海苔の製造直売店のようだ。左下に開花した梅を描き、画中の文に「寒中に採るものを絶品とし」と記している。

江戸時代前期の文献に、「浅草苔」「品川苔」の記述が見られる。江戸中期には海苔の養殖技術が発達して、大森や品川の海で増産体制が確立されていく。紙漉のように海苔を漉き、干してつくった干海苔（ほしのり）は、安くて日持ちのよい人気商品として広く流通。江戸の海苔は「浅草海苔」というブランド名に統一され江戸の名産品となった。絵の左上には、海苔の種（胞子）

第5章

名勝地や古跡、特産品が興味をそそる地方版

その他の国の名所図会

『紀伊国名所図会』『尾張名所図会』『阿波名所図会』『讃岐国名勝図会』『淡路国名所図会』

出版許可からおよそ150年もの歳月を経て完結した、全27冊にもおよぶ大作

『紀伊国名所図会』

紀伊国の名所を案内する本作は、制作期間の長さと巻冊数において、『江戸名所図会』を凌駕する大作である。両作を比較してみよう。

出版許可は、『江戸〜』が1798（寛政10）年5月に、『紀伊国〜』が寛政7年3月に下りている。3年ほどしか違わない。だが、刊行を完了した年は、『江戸〜』が1836（天保7）年に対し『紀伊国〜』の方は1943（昭和18）年である。『紀伊国〜』は、出版許可から完結に至るまでに150年近くが経過しているのだ。全巻のボリュームも、『紀伊国〜』は大本・22巻27冊と『江戸〜』の大本・7巻20冊を上回っている。

もちろん内容が肝要であり、このデータで優劣を論じても意味はないのだが、長期にわたった『紀伊国〜』の制作過程からも、『江戸〜』のような長い編著者のドラマが見えてくる。

布曳の松　布引西瓜畑

初編3巻5冊は、1811（文化8）年に出版されている。翌年に第2編3巻5冊を刊行。第3編6巻7冊は間があき1838（天保9）年に、後編6巻6冊は1851（嘉永4）年に刊行されている。その後、時代は一気に昭和まで飛ぶ。最終編となった熊野編4巻4冊は、1937～1943（昭和12～18）年に刊行され、ようやく完結をみた。

初編と第2編の著者は、高市志友である。志友は、紀州藩の御用商人であった高市家の7代目として生まれた。高市家は藩の出版物を請け負い、薬種商も兼ねて財を成した。学才があり詩歌も嗜んだ志友は、折句（雑俳のひとつ）の版本を自家出版している。そして名所図会の制作を思い立ち、自ら編纂、執筆に励んだのである。しかし志友は、第3編以降の膨大な草稿を遺して1823（文政6）年に73歳で没した。

第3編は、国学者・加納諸平が紀州藩の藩命を受け、志友の遺稿をもとに、8代目高市志文を助けながら刊行。諸平は、さらに後編も著した。

しかし、後編までで紀伊国の全地域が網羅されたわけではなかった。志友の遺稿にはあった牟婁郡の名所が入っていなかったのだ。長い年月を経て時代は昭和となり、補完に動いたのは、11代目の高市志直だった。志直は志友の遺稿を生かしながら熊野編としてまとめ上げ、体裁は変えず活版印刷で刊行した。

（黒江椀）

和歌山県海南市黒江では、室町時代から漆器がつくられてきた。江戸時代の中期になると、紀州藩の意向により分業化が進められ大量生産を実現。販路を拡大していく。図会では黒江椀だが、現在は紀州漆器と呼ばれている。

布曳は地名で、現在は和歌山市布引。本文では、1585（天正13）年、和歌浦の玉津島神社に詣でた豊臣秀吉が詠んだ歌「うち出でて玉津島よりなかむればみどり立ちそふ布曳の松」を紹介している。絵は、名物の西瓜を収穫しているところで、男が西瓜を空高く投げて割り、子どもを喜ばせている。

（産物蜜柑）

紀伊国名所図会

藩の息がかかる地方色の強い名所図会は、その地ならではの産物紹介に多くの頁をとる傾向が見られる。読者の好奇心にこたえて、PR効果も狙ったようだ。本作「産物蜜柑」の項では、江戸時代に紀州藩の保護を受けて発展した紀州蜜柑について、4見開きの挿絵を用いて解説している。下の「其一」は、いきなり蜜柑の収穫風景だ。大勢で一斉に蜜柑をもぎ取り、専用の籠に詰めて運んでいる。左頁の「其二」では、選別作業等が描かれる。画中には「幾万果の蜜柑を山畑より荷ひ来り。庭中にて大小を撰み分ち数千の籠に充、むしろを角に切りて其上を覆ひ、大平墨にて家々のしるしを書す。拮据のさま大抵かくの如し」とある（「拮据」とは、忙しく働くこと）。下の「其四」は、山積みした小舟の蜜柑籠を大船に積みかえる様子をとらえている。「今に至りては大体有田郡中より百万籠余、海士郡加茂谷より十万籠余、年々諸国へ送り下すといへり」と本文中にある。

其一　郡中の山畑にて蜜柑をとる図

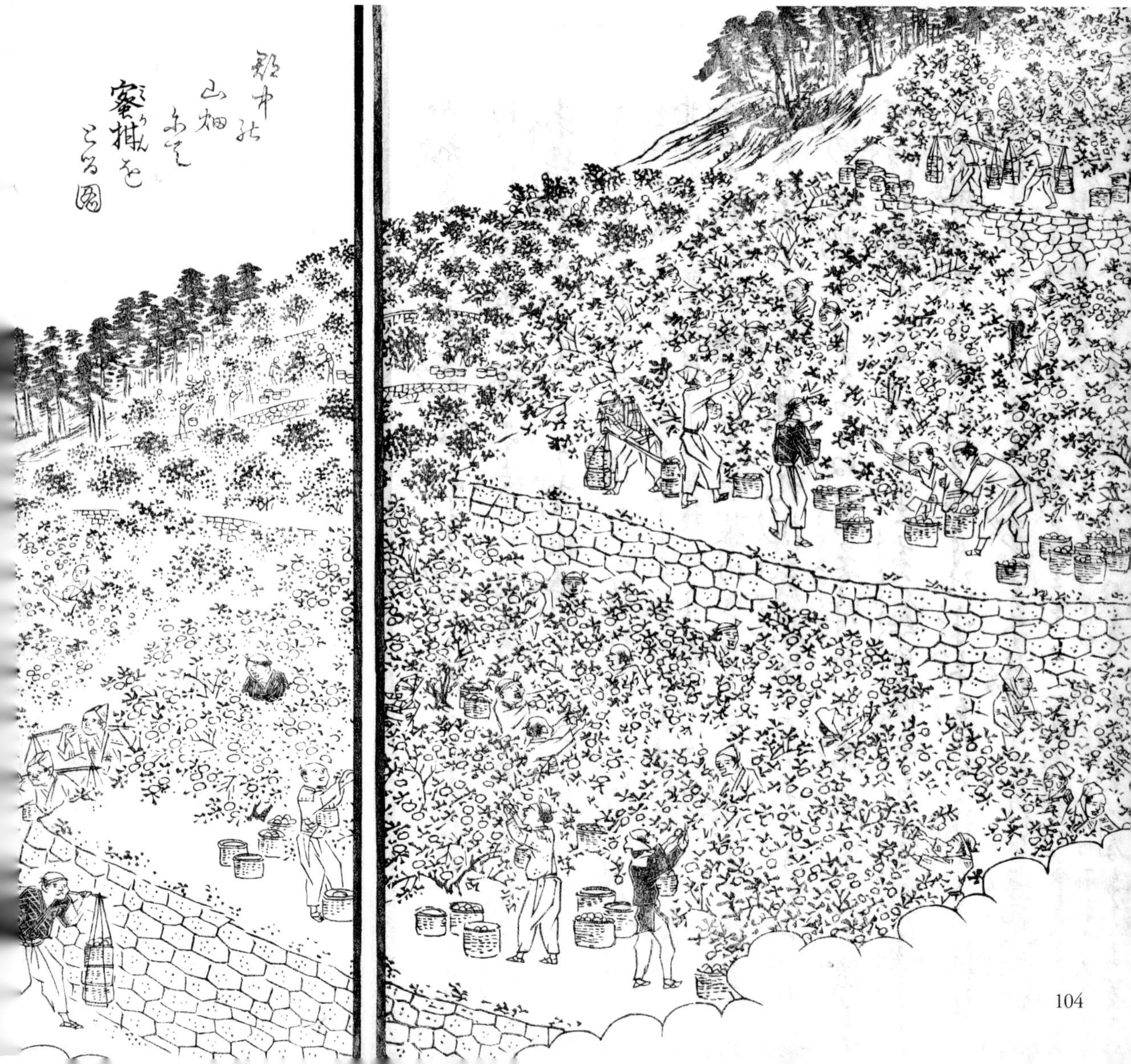

其二

南土出枝葉亦
結子五六月金
後多可同橙供
若橘
採其
祇源瑜

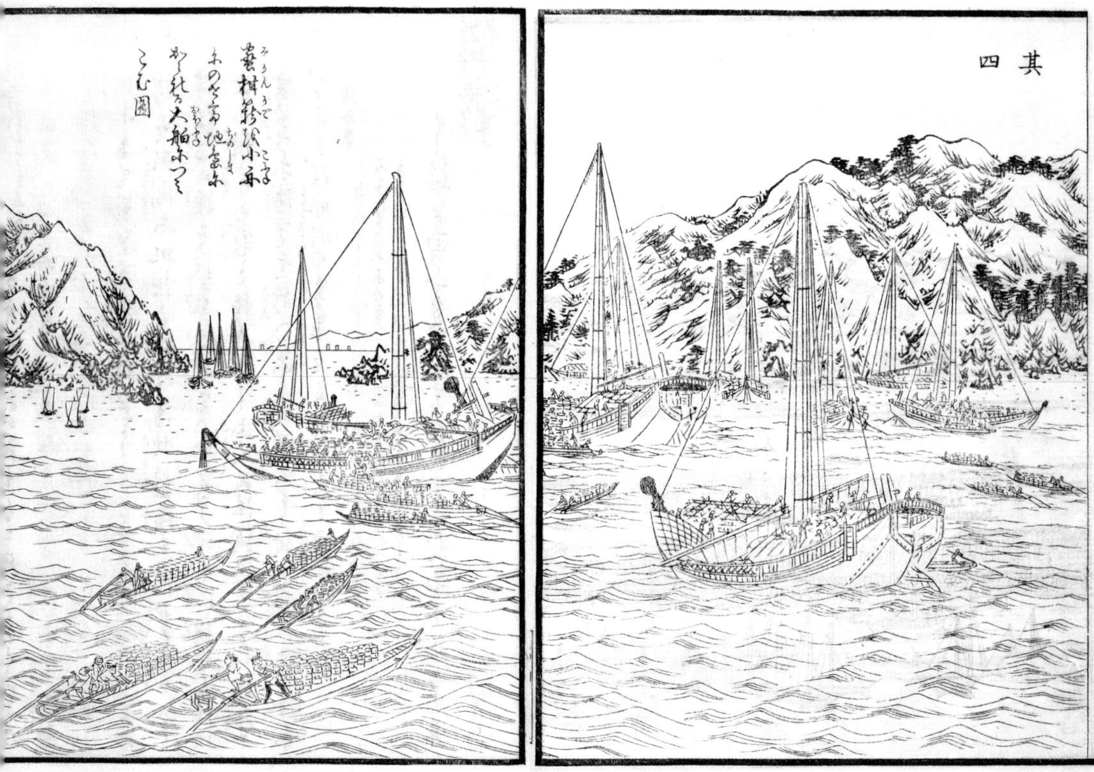

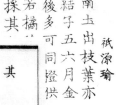

其四 蜜柑籠を小舟にのせて地島にかかれる大船につみこむ図

氷豆腐を製する圖

くられていた。豆腐を絵のような大きさに切り、夜、屋外に出して凍らせ、乾燥させてつくる食品だ。高野山の僧が宿坊でつくりはじめたので、高野豆腐ともいわれる。絵師の西村中和（『木曽路名所図会』の挿絵を担当）は、氷豆腐づくりの一連の作業を目で追えるように楽しく見せてくれた。当時は映像メディアがない時代。名所図会は、普段見られない現場を整理して絵で示す重要な視覚情報の役割を果たしていた。

一轉淮南嗜
三冬製初調
梱頭凝瑤琯
爐上躍瓊瑤
潔白高人操
方正君子標
埜山稱佳品
寄贈供厨料
巨鹿野人題

本作では、高野山について詳細に解説している。その本文中に「時候」のくだりがあり、氷豆腐にふれた記述が６行ほどある。その文には「雪ちりかかる頃よりややかれがれになれば、寺々の児童奴僕等、をりをりの暇に氷豆腐を製りて、住侶の冬ごもりの伽とせしより、年月にそひて其製、精しくなり、味ことなるを以て、檀契にも贈りしかば、いつしか世に広ごりて、今は國々にいたらぬくまもなく、精菜の一種とはなれり」とある。当時氷豆腐は、寒中につ

（龍神温泉）

絵は、和歌山県田辺市龍神村にある龍神温泉の、当時の様子を伝えてくれる。現在の龍神温泉は、川中温泉（群馬）、湯の川温泉（島根）とならぶ「日本三美人の湯」のひとつとして知られる。この3か所の温泉は、大正時代に美白効果がうたわれていたようだ。江戸時代の龍神温泉は大変人気があり、周囲の国々から湯に浸かりに来る人々でにぎわっていた。本文には、「ただ温かにして臭気なく、湯船の底まで透き通りて見ゆ。この温泉いづれの病にも功験あり」とあり、さらに「かかる深山の奥なれども、峰をこえ、谷をわたりて国々より来る人、四時絶間なく、春秋はことに賑しく……」と続く。左頁の「龍神全圖」を見てみよう。中央やや上に温泉寺が見える。左下には宿が建ちならんでいる。本文には「旅舎すきまなく建てつらね」とある。右頁の下に「湯屋」と記され、脇から湯気が立ち上る大きな建物が見える。その下の川には筏師が器用に筏を操作している。湯屋の内部は、下の「其二」に描かれている。桶からは絶え間なく湯が流れ落ち、打たれている男が気持ちよさそうだ。大きな浴槽からは湯があふれ出ている。当時は混浴だった。

其二 同浴室の図

紀伊国名所図会

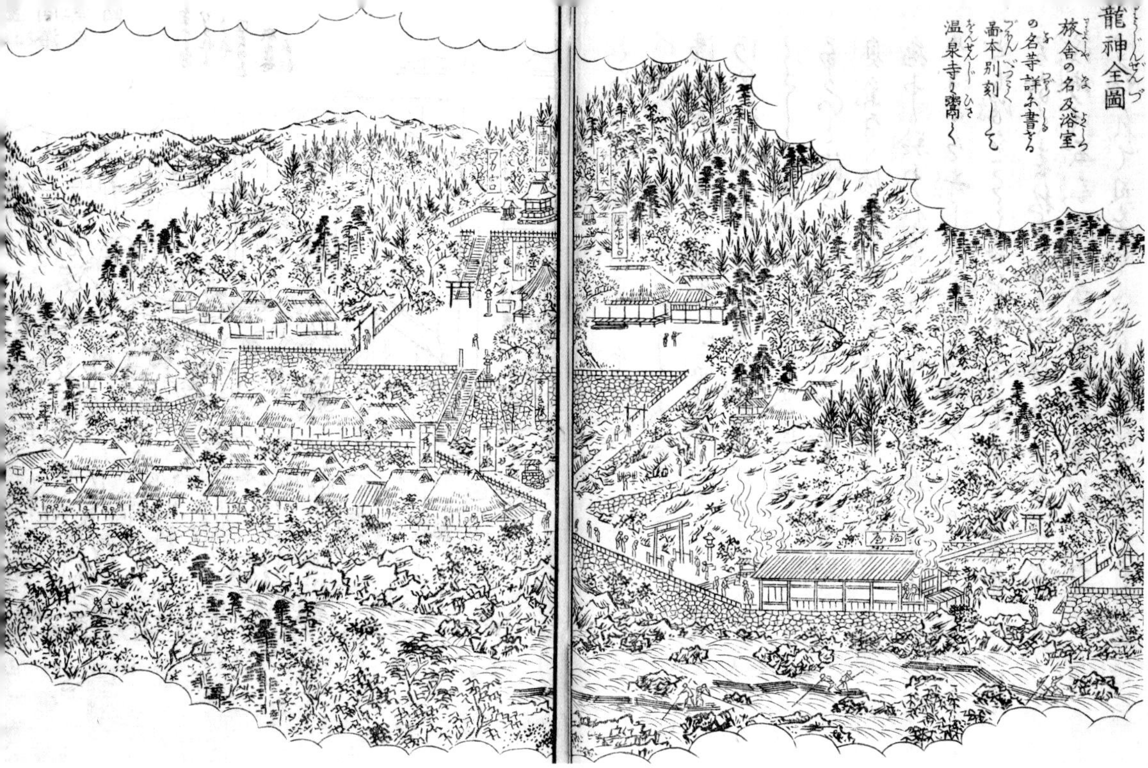

龍神全圖

尾張藩士と名のある青果問屋の主人が協力し合って編纂。後編は明治13年に刊行

『尾張名所図会』

本作は、江戸時代後期に刊行された前編7巻と、明治時代に刊行された後編6巻から成る。前編7巻7冊は、1844（天保15）年に出版された。著者は2人。尾張藩士で国学者の岡田啓と、名のある青果問屋の8代目・野口道直である。藩士と商人の取り合わせが面白い。

1832（天保3）年、啓は尾張藩にて、1752（宝暦2）年に完成していた尾張国の地誌『張州府志』30巻の補訂を命じられた。主要メンバーのひとりとして執筆に尽力。『尾張志』と題した全61巻（序巻を含む）を1843（天保14）年に完成させている。

尾張の書を渉猟し博覧強記で知られた啓は、名所図会ブームに乗り、一般読者に向けた『尾張名所図会』の編著にも挑んだ。その後、同附録（補遺）『小治田之真清水』も著している。

『尾張志』の絵図担当者は、尾張藩士で画才にも長けた小田切春江（春江忠近）である。春江は『尾張名所図会』に多くの絵を描き、『小治田之真清水』でも絵筆をとっている。

『尾張名所図会』の制作現場にふれた春江の文が興味深い。「天保9年よりおもひおこして」「わが尾張の名所図会を撰ばむ」とあり、毎月何度も啓、道直らと合い、語らいながら各自の作業を進めたと記している。さらに春江は、50歳を過ぎた道直が精力的に現地取材をこなしたことを書き、「ついに事を終ぬるは天保12年の冬なり」と板木工程に移る前の作業終了年と季節を伝えている。

商人の道直は博学の趣味人で、塙保己一が訪ねてくるほどの蔵書家だったという。名所図会の刊行に燃えてスポンサー役も果たしたが、名所図会は通常の版本より費用がかかる。出費が膨れ上がり本業の青果問屋が傾くほどだったという。

後編の方は、草稿ができても出版許可が下りなかった。資金不足もあるが、名古屋城とその付

廣井官倉に貢米を納る図

近の記載が問題視されたようだ。後編6巻6冊は、1880（明治13）年に愛知県庁から刊行された。

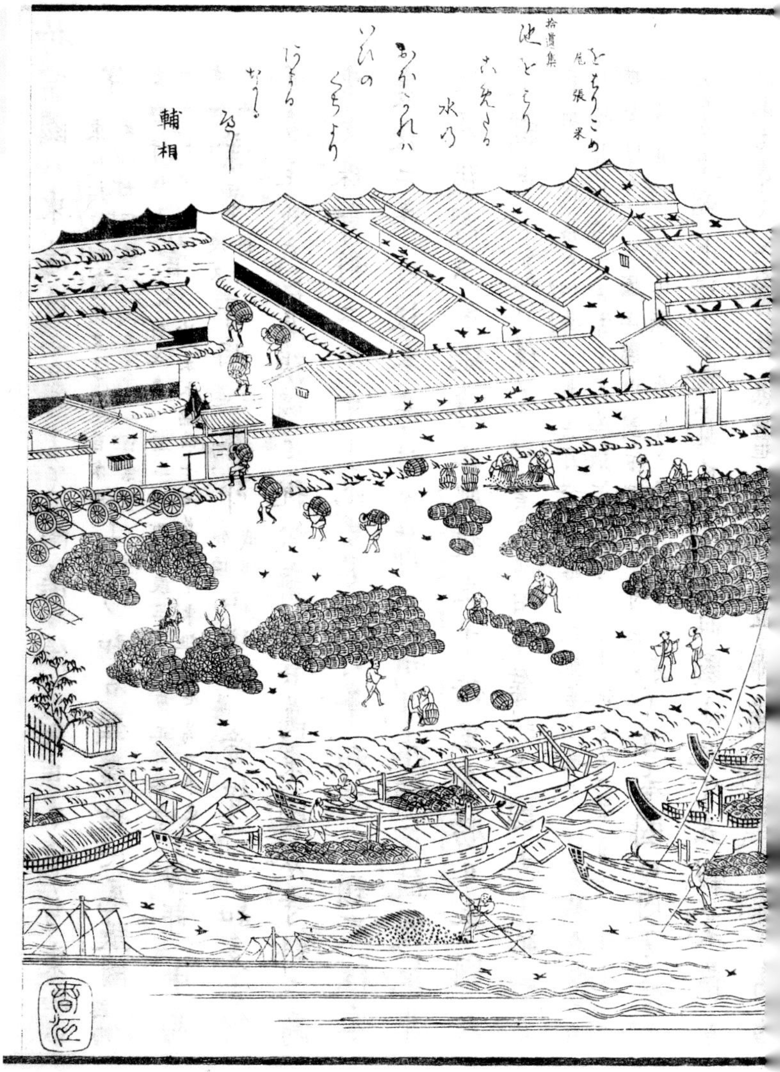

現在の愛知県清須市にあった清洲城は平城だった。狭く水害の不安があったことから、徳川家康により名古屋城が築かれ、1610（慶長15）年に移転した。同じ頃、名古屋城下と熱田湊を結ぶ全長約6㎞の運河である堀川を開削。尾張藩の米や塩、野菜、魚、材木などが船で運ばれるようになった。堀川の7か所には橋が架けられ、そのうちの納屋橋近くの東岸に、尾張藩の年貢米を納める御蔵が設けられた。毎年9月28日（旧暦）から納入を開始。絵は、その様子を描く。各地から船で運ばれた米俵が次々陸揚げされている。高塀内に建つ蔵は26棟だが、清洲にあった3棟の巨大蔵をこの地に移築していたことから、「三つ蔵」と呼ばれた。鳥がこぼれた米を狙っている。

（堀川日置橋（ひおきばし）より両岸の櫻花を望む図）

日置橋も堀川に架かる「堀川七橋」のひとつである。納屋橋より下流にある隣の橋だが、絵は趣をがらりと変える。両岸に数百本の桜の木があり、満開の季節になると花見でにぎわった。本文に「嵐山、隅田川の春興にも劣らぬ勝地なり」とある。

熱田の濱 夕上り魚市

買われた魚介は、国内をはじめ、担い歩いて美濃、信濃まで運ばれた。本文には、「億兆の魚介をここに湊へて、国産の海魚はもとより、近国、遠国よりも船積にて運送し、また三河の吉田辺よりは、歩行荷などにてもここに送るを、六軒の問屋、いづれもこれを即時に売り捌けり」とある。「鯔魚（ボラ）、牡蠣、蛤、鱸、鯵、鰯、章魚、河豚、鯖、鰹、カマス」などのほか、サメやクジラも売り買いされた。ここでも鳥がおこぼれを狙っている。

現在の名古屋市熱田区にあたる東海道の宮宿（熱田宿）は、古くから熱田神宮の門前町として発展してきた。江戸時代には、東海道最大の宿場となる。本作が刊行された年には、約250軒もの旅籠が営業していた。当時は大きな港町でもあり、宮宿と桑名宿のあいだは海路を使って船で移動する七里の渡しで結ばれていた。絵は、七里の渡しの渡船場にほど近い木のめ浦（現在は木之免町）の浜辺を描く。ここでは毎日、朝夕の２回、魚市が開かれていた。

醫學館 藥品會

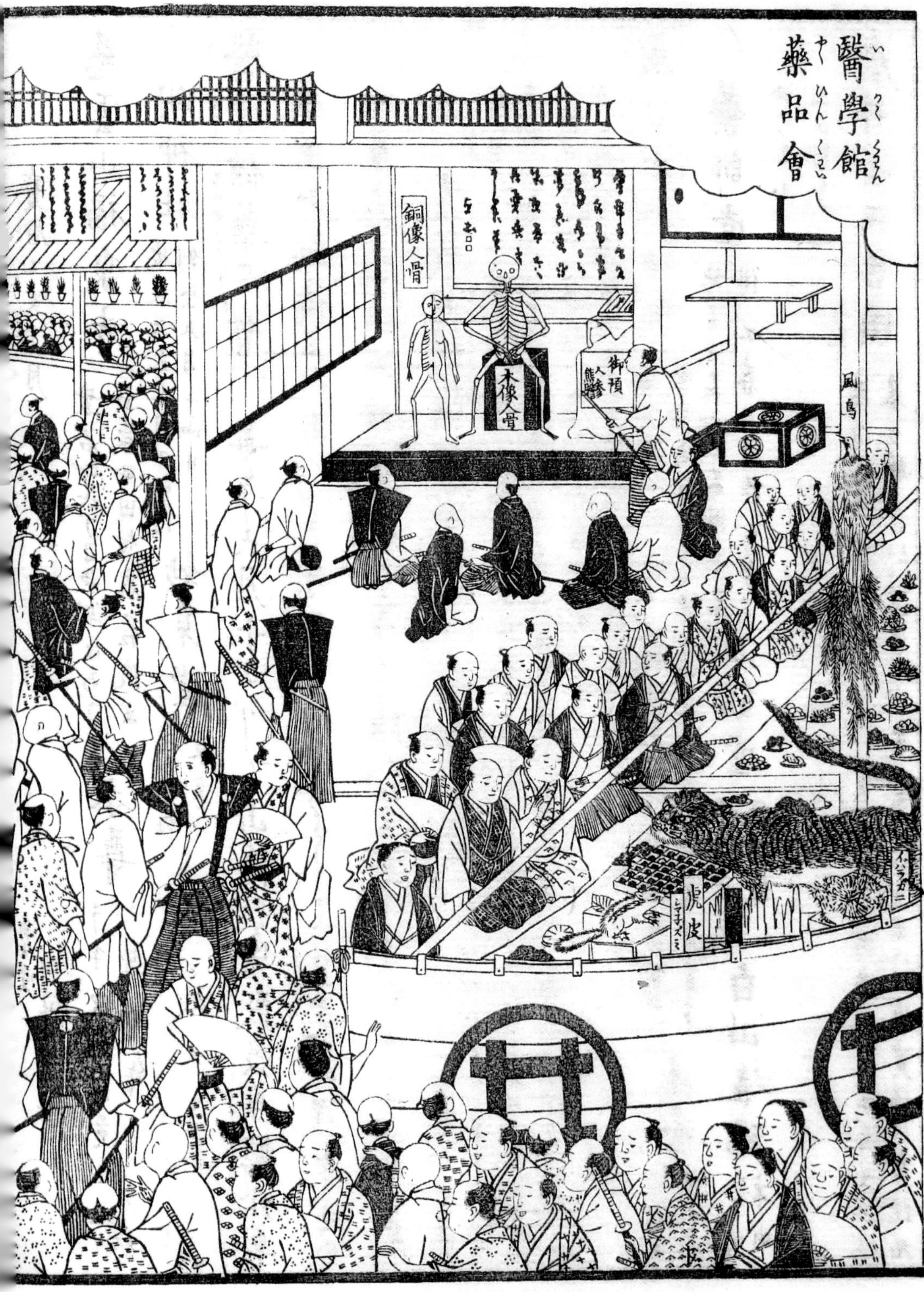

れるようになった。出品数や観覧者が増えると、展示は薬品以外の品目や、好事家たちが持ち寄る珍品の類いも出品されるようになった。絵は、尾張藩の藩医を養成する医学館で毎年開催されていた薬品会の盛況ぶりを描いている。中心となったのは、尾張藩奥医師の浅井紫山。床の間に木像人骨をでんと座らせ、中央の柱にはセンザンコウをはりつけている。

博物館として一般公開された専用の施設は江戸時代になかったが、医師や本草学者たちが主催する物産会という展示会が開かれていた。物産会は、本草会、薬品会、薬草会などともいわれる。物産会のはじまりは、1757（宝暦７）年に江戸の湯島で開催された薬草会とされる。その２年後にも、同地で平賀源内主催の薬草会が開かれ、大坂や京都、尾張でも開催さ

潮湯治

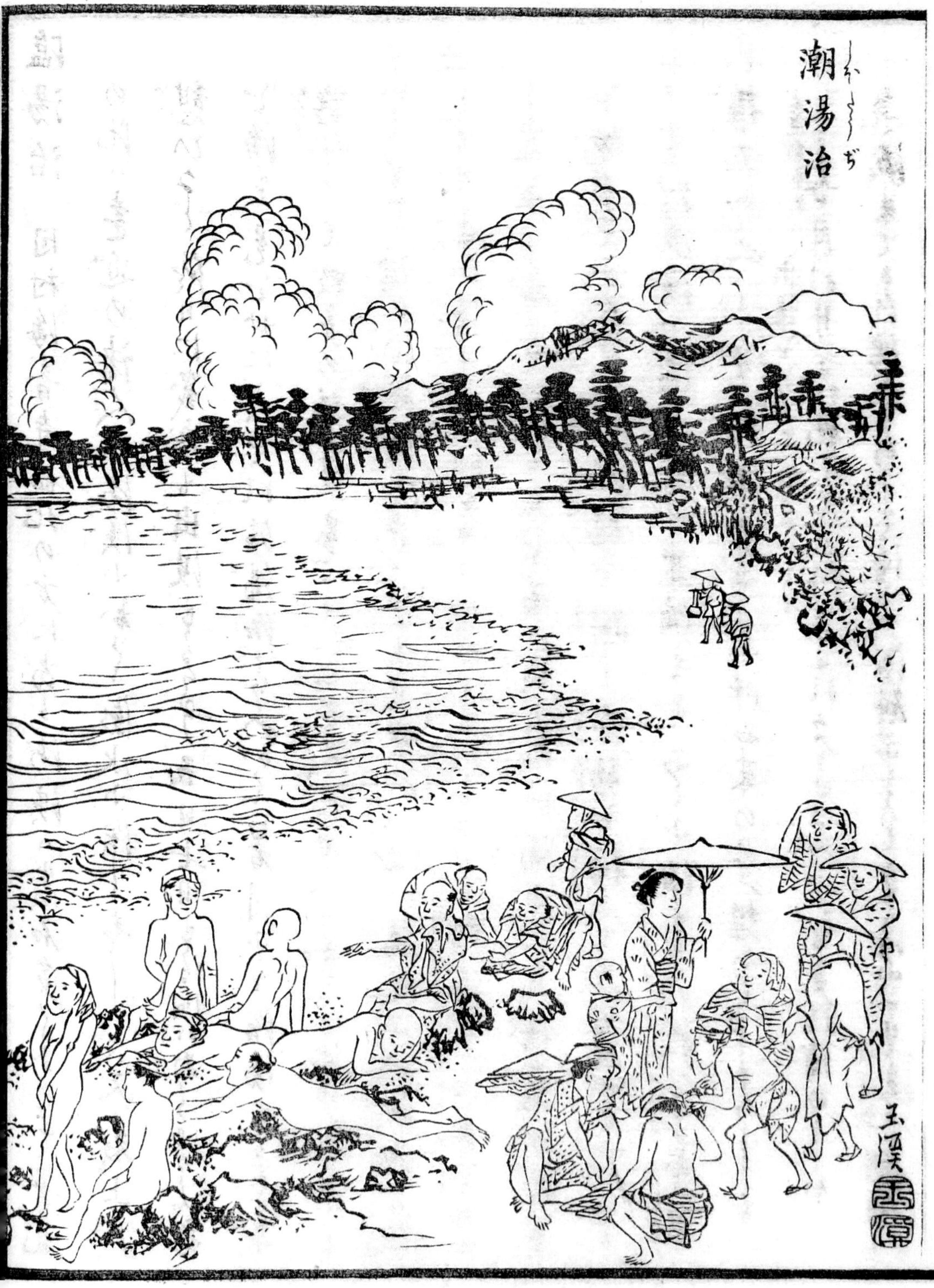

時代以前から知られ、本作刊行時には観光の目玉になり、真夏は温泉より人気があった。本文には、「潮水に浴し、巌上に憩い」「終日に幾度も出没する事、五日、七日する時は、あらゆる諸病を治す」とあり、さらに「数多の旅亭、家ごとに二百人、三百人を宿し」と繁昌ぶりを記す。旅亭では鮮魚を飽きるほど食べ、潮を汲み取らせて沸かし、浴する者もいたという。

いい大人が浜辺に集まり、全裸になってここまで開放的に戯れている名所絵はほかにない。一見すると江戸時代のヌーディスト村かと目を疑うが、海水に浸かって病を治そうと励む、れっきとした潮湯治である。現在は、愛知県常滑市大野海岸。とこなめ観光協会のHPには、「世界最古とも言われている砂浜のキレイな海水浴場」と紹介されている。大野の潮湯治は江戸

著者は大坂の探古室墨海。四国行脚の道中記録をもとに「阿波之部」を刊行

『阿波（あわ）名所図会』

祖谷（いや）（かずら橋）

（藍玉）

江戸時代に木綿が急速に広まると、染料の藍も需要が高まった。色と品質に優れた阿波藍は、徳島藩の保護、奨励もあり、主要産業となって市場を全国に広げた。

ここは現在の徳島県三好市西祖谷山村（にしいややまそん）。渓谷には、「祖谷のかずら橋」（葛橋）が架かっている。風が吹くと左右に振り動くので、「わたる人恐れて歩み得ず」と本文にあるが、地元の人は「平地をゆくにひとし」だったという。かずら橋は現在もこの地にある。毎年大勢の観光客が長さ45m、幅2m、水面上14mの吊り橋を渡り、スリルを味わっている。安全確保のため、堅い木とシラクチカズラを用いて、3年ごとに架替えられている。

現在の徳島県にあたる阿波国の名所図会。2巻2冊（上巻・下巻）。刊行は1814（文化11）年。著者は大坂の探古室墨海で、自ら挿絵を描いている。板元も大坂の河内屋太助である。

墨海の経歴は未詳だが、本人の附言によると、以前に大坂から四国行脚に出て「そこかしこの風景をうつし」道中の記録を残したとあり、「こたび人のもとめにより梓にて寿す」と続けている（「梓」は板木のことで、出版を意味する）。

墨海は1812（文化9）年に私家版を出している。その書袋と書の見返しには、『四国名所図会 阿波之部』とある。本人は四国を網羅したかったのだろう。しかし阿波国以外は出版されなかったようだ。『阿波名所図会』は大坂以外でも、京都、名古屋、江戸の書肆で販売された。地方の名所への人々の関心の高さがうかがえる。

上巻では12点の挿絵を入れて、祖谷、藍玉、矢上の楠、鳴滝、鳴門などを紹介している。下巻では17点の挿絵を入れて、眉山、八坂八浜などを紹介している。

矢上の楠

現在も徳島県板野郡藍住町の春日神社に存在するクスノキの巨樹。集まった人々が太い幹周りを測ろうと、楽しそうに手を伸ばしている。現在の樹齢は1200〜1400年と推定されている。

親子2代にわたり編纂。刊行は前編の5巻5冊にとどまる。風景画は見応えがある

『讃岐国名勝図会』

現在の香川県にあたる讃岐国の名所図会である。大本・12巻13冊と大作になる予定だったが、残念ながら刊本（版本）は前編の大本・5巻5冊にとどまる（改訂して7冊にした再版本もある）。

前編の刊行は、1854（嘉永7）年。再版本には、発行元の書林として、高松2軒、大坂2軒、京都2軒、江戸1軒の名が記されている。嘉永7年といえばペリーが再び来航した年で、幕府は3月に日米和親条約を締結している。名所図会の編纂、刊行はこの頃地方編が盛んとなり、現地の藩が制作に関与するなど、ブームは第二次に突入していた。本作では高松藩が関わっている。

高松の豪商・梶原藍渠（景惇）は国史を研究。壮大な帝王編年史の稿本を高松藩主に献上した。出来のよさを認めた藩主は、藍渠を士分に取り立て、和漢の学者を加えて校訂を開始した。藍渠はさらに讃岐国を絵入りで広く伝えようと『讃岐国名勝図会』の編纂も企画し着手した。しかし志は叶わず、1834（天保5）年に死去。藍渠の仕事は、子の梶原藍水（景紹）が受け継いだ。

藍水は著者として『讃岐国名勝図会』の前編「東讃之部」5巻5冊を刊行したが、後編は稿本止まりとなり、刊本には至らなかった。本願寺の記載でトラブルが発生し、藍水は資金面でも苦境に立たされていたようだ。

挿絵の大半は松岡信正（松岡調）が担当した。本作では風景画に秀作が多い。藍水との親交は長く続いたという。信正は高松藩士の次男として生まれ、多和神社神主の養子となり養父の後を継いでいる。信正は和歌も詠む国学者でもあった。

（白鳥旅舎の図）

現在の香川県東かがわ市に白鳥神社がある。日本武尊の霊が白い鳥となり、この地に舞い降りたと伝えられている。本文には、「四月の市立、九月の神事ごとに戯場ありて、（中略）参詣の人多くて繁栄の地なり」とある。当地の阿波街道沿いには、多くの旅籠があったという。そのにぎわいはかくの如し。2階の客がくつろぎ、旅の疲れを癒やしている。

四國八十五番札所
八栗寺

絵の中央に、五剣山の中腹にある八栗寺の本堂が見える。四国八十五番札所で、現在は香川県高松市牟礼町に位置する。平安時代に空海が開創。当初は八国寺とされていたという。空海は唐に渡る前に再来し、栗8粒を焦がして植えたと本文にある。帰国後にまた訪れるとすべて高木に育っていたことから、八栗寺と名を変えたとされる。絵の上部に目を移してみよう。五剣山とはいえ明確な峯は4つしか数えられない。1698（元禄11）年の豪雨で一部が崩れ、1707（宝永4）年の宝永地震により1峯が大きく崩壊、絵のような4峯の山容に変わってしまったと伝わる。この巨大地震の推定マグニチュードは8・6。発生から49日後に、富士山の宝永噴火がはじまった。

『淡路国名所図会（あわじのくにめいしょずえ）』

※『淡路国名所図絵』のタイトル表記もある。

現在の兵庫県淡路島にあたる淡路国の名所図会で、5巻5冊から成る。本作は、刊行年に謎が残る。1851（嘉永4）年の序があり、1866（慶応2）年の刊とされるが、現在閲覧可能な刊本は、明治26〜27年に発行されたものである。

1865（慶応元）年に大坂の板元・河内屋喜兵衛が開板を出願、翌年許可を受けているが、幕末混迷の影響なのか、何らかの事情で出版に至らなかったと思われる。刊行が終わった明治27年は、日清戦争開戦の年である。すでに活版印刷の普及が進んでいたが、兵庫県の発行人・福浦文蔵は板木からの手摺、袋綴（ふくろとじ）にこだわり、江戸時代に親しまれた名所図会のスタイルを変えなかった。未刊と思われた名所図会の手摺が話題となり、刊行前に予約者を募ると400名に達したという。

著者は、秋里籬島に次ぐ7作もの名所図会を世に送り出した暁鐘成（あかつきのかねなり）（木村明啓）である（26頁・80頁参照）。大坂の戯作者として知られた鐘成は、自ら挿絵も描いていたが、名所図会の制作に本腰を入れるようになる。

鐘成は、かつて大坂から船出して九州に向かおうとしたが、途中の淡路国で風待ちを余儀なく

五色濱（ごしきはま）

画中の文はとても読みやすい。記述の通り、この浜には美しい五色の石が、玉砂利を敷いたように広がっている。訪れた旅人は気に入った石を拾って土産にした。現在は兵庫県洲本市五色町鳥飼浦。変わらない名所として五色の石を見に行ける。ただし保護のため、今は石を持ち帰ることはできない。

された。何日も足止めされた鐘成は、淡路国の名所古跡を訪ね歩くことに喜びを見いだし、九州行きを取りやめて情報収集に没頭するようになった。故郷に帰ってまとめたものが本作である。

挿絵は信頼のおける絵師に依頼した。本作では、『花洛～』で組んだ絵師・松川半山と、『金毘羅～』で組んだ絵師・浦川公佐に声をかけている。両人とも鐘成と同じく大坂の人で、軽快な筆さばきを見せる。読者サービスに徹した名所絵は、私たちを江戸期の淡路国に誘ってくれる。

葛籠石（つづらいし）

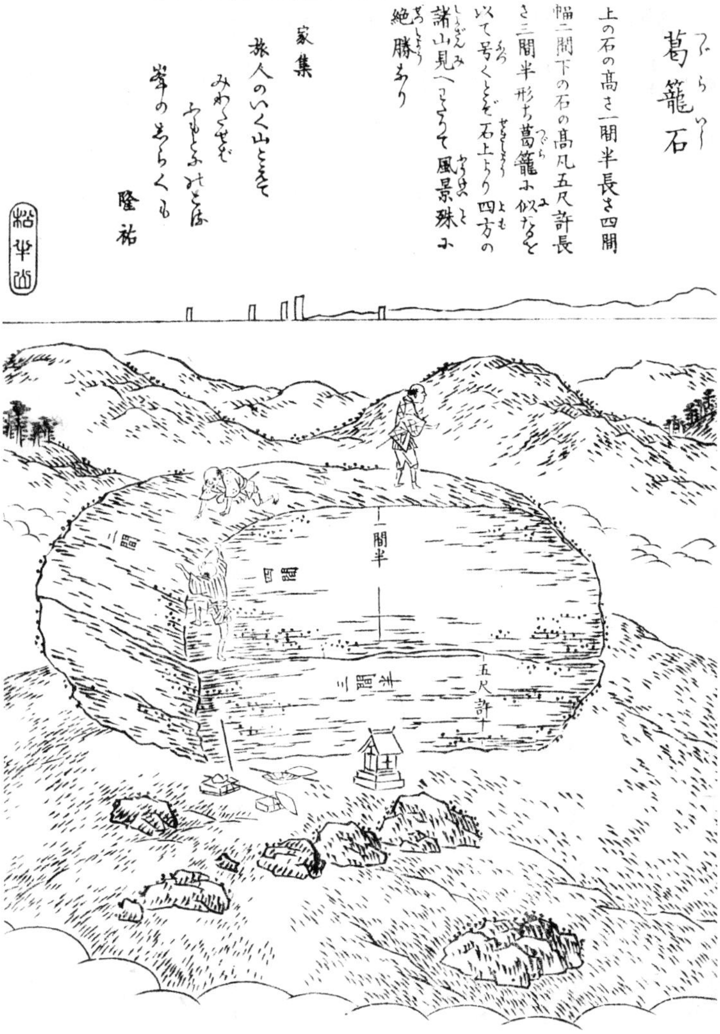

和答淡州門人見寄
淡島絶游三歴
春鷹魚時訪釣
漁人開筐雕纉
詞華美憶得松
帆五彩濱
三島筱應道
松半山

淡路島の山には巨石が見られ、古来から巨石信仰も伝えられてきた。絵の巨石は、秋葉山山頂にある葛籠石（つづらいし）である。同山頂には、火伏せの男神・秋葉大権現と合祀された女神・石野姫命が祀られている秋葉神社がある。上と下の巨石が重なり合う葛籠石は、男女の交わりにも見えることから交合石ともいわれる（香合石、金剛石と呼ばれることもある）。展望を楽しもうと、石の上に男たちが上っている。画中の文には、「四方（よも）の諸山見えわたりて、風景殊（こと）に絶勝なり」とある。

鳴門の渦潮（なるとのうずしお）

（2見開き目を拡大）

淡路国名所図会

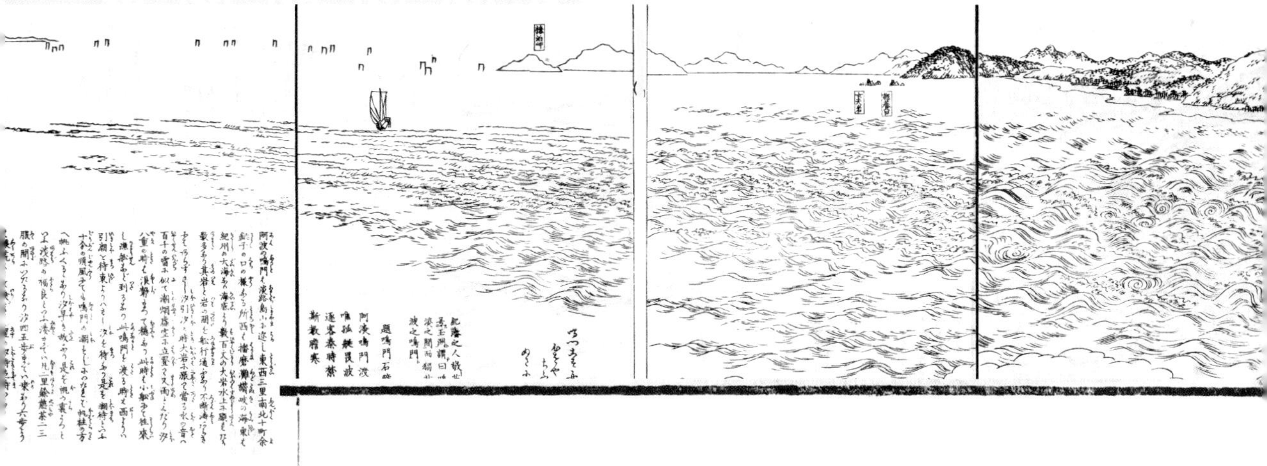

「これが最大の見物」といわんばかりに、鳴門の渦潮を、8頁も連ねた挿絵入りで解説している。1見開き目に「鳴戸崎」と示された淡路国の南西端が見える。遠方の陸地が阿波国である。絵は、そのあいだの鳴門海峡で生じた渦潮をダイナミックに描く。

2見開き目の右上が満潮になった播磨灘。そこから干潮時の太平洋側へ海水が一気に流れ込み、渦を次々生じさせている。その水位差は、最大1.5m。渦の直径は、最大20mに達する。鳴門の渦潮は、『阿波名所図会』でも挿絵つきで紹介している。

あとがき

名所図会の挿絵は、著者や絵師による現地取材を基本としている。それだけに、ご当地ならではのリアルな情報が詰まっている。とくに人物を登場させた挿絵は、風俗や産業の実態まで伝えてくれて見飽きない。全体的には、鑑賞目的の錦絵とは異なり、現場重視で写実性が強調されているようだ。

その反面、登場する人々の顔に生活苦は感じられない。身分に関わらず、みんな陽気で屈託なく脳天気である。「せいぜい浮世を楽しもうぜ」、そんな声が聞こえてくるようだ。浮世絵の世界観が失われることはないのである。この「陽」の描写は、葛飾北斎や歌川広重の名所絵（風景画）にも見られる。

浮世絵好きの私は、いつしか名所図会の挿絵にも興味を抱くようになった。名所図会の挿絵は、色の氾濫を排した墨1色で描かれている。私は筆で引かれた線画の味わいに惹かれた。世界中にファンを広げた日本のマンガも、基本は墨1色である。マンガ好きでもある私は、どこか通じるものを感じてしまう。担当絵師たちは、『都名所図会』で孤軍奮闘した絵師・竹原春朝斎のスタイルをお手本にしながら、現地取材を楽しみ、独自の線画表現に挑んだと思われる。

秋里籬島が最初に著した『都名所図会』の刊行は、1780（安永9）年である。十返舎一九の滑稽本『東海道膝栗毛』シリーズは1802（享和2）年からはじまり、1822（文政5）年に完結している。名所絵の巨匠として知られる歌川広重がこのジャンルの錦絵に力を注ぐようになるのは1831（天保2）年頃から。『都名所図会』の出版より、すでに約50年の時を経ていたことになる。その間、本書でご紹介した通り、各地の名所図会が次々企画され、刊行されていった。

広重は、ブームとなった名所図会に少なからず触発されていただろう。自分は錦絵で名所絵を当てようと勝負に出たのかもしれない。ただし、広重の名所絵のなかには、現地に行かないで描いたと思われる作品が散見できる。それらは名所図会の挿絵などを参考にして筆をとったとみられる。

誰もが知る広重の代表作である「東海道五拾三次之内」シリーズ（保永堂版）の刊行は、1833～34（天保4～5）年である。『江戸名所図会』の刊行は、ほぼ同時期の1834（天保5）年からはじまり、その2年後に、全7巻20冊が出そろった。

こうして旅ものの刊行年をならべてみると、庶民に広がった当時の旅ブームと名所図会、滑稽本、錦絵の密接な関係が見えてくる。当時の人々は紙のメディアから、さぞかし旅心をくすぐられたことだろう。その先鞭をつけた『都名所図会』の功績は、やはり大きいといわざるを得ない。その後、次々誕生した各地の名所図会も、江戸後期の旅ブームを版本サイドから牽引し、支えたのである。

本書では、21作の名所図会を厳選して紹介した。それぞれ挿絵の点数が多いので、掲載作品の選択は迷いに迷った。最終的には人物描写に優れた絵を多く選出することとなった。各書の制作過程を調べていくと、刊行に到るまで手間と予算がかかり難航したものが少なくなかった。著者が志半ばで亡くなったり、予定したまま続編が出なかったり……。本文を書いていると、制作者たちの額に流れる脂汗まで見えてくる気がした。「名所図会の数だけドラマがある」のである。

本書は長年暖めていた念願の企画のひとつだった。名所図会の挿絵は、歴史関連書に多く掲載されてきたが、モノクロ頁に小さく扱われることが多かった。名所図会の挿絵は密度が高いので、私はそのことに長年不満を抱いていた。版本は時折、美術館などで展示されることもあるが、展示ケースの中にあるため手に取れず、めくることも叶わなかった。本書は、ほぼ原寸サイズの見開き挿絵を多数入れて、オールカラーで紹介することができた。

企画段階から刊行に至るまで大変お世話になり、この贅沢なつくりを可能にしていただいた河出書房新社の藤﨑寛之氏に、この場を借りてあつく御礼を申し上げたい。

【主要参考文献】

『日本名所風俗図会４ 江戸の巻Ⅱ』朝倉治彦 編　角川書店　1980
『日本名所風俗図会５ 東山・東海の巻』鈴木棠三 編　角川書店　1983
『日本名所風俗図会６ 東海の巻』林英夫 編　角川書店　1984
『日本名所風俗図会７ 京都の巻Ⅰ』竹村俊則 編　角川書店　1979
『日本名所風俗図会８ 京都の巻Ⅱ』竹村俊則 編　角川書店　1981
『日本名所風俗図会９ 奈良の巻』平井良明 編　角川書店　1984
『日本名所風俗図会 10 大阪の巻』森修 編　角川書店　1980
『日本名所風俗図会 11 近畿の巻Ⅰ』永野仁 編　角川書店　1981
『日本名所風俗図会 12 近畿の巻Ⅱ』鈴木棠三 編　角川書店　1985
『日本名所風俗図会 13 中国の巻』長谷章久 編　角川書店　1980
『日本名所風俗図会 14 四国の巻』松原秀明 編　角川書店　1981
『日本名所風俗図会 17 諸国の巻Ⅱ』林英夫 編　角川書店　1981
『新訂 都名所図会』全５冊　市古夏生・鈴木健一 校訂　筑摩書房　1999
『都名所図会を読む』宗政五十緒 編　東京堂出版　1997
『京の名所図会を読む』宗政五十緒 編　東京堂出版　1998
『京都名所むかし案内　絵とき「都名所図会」』本渡章　創元社　2008
『イラストで見る 200 年前の京都『都名所図会』で歩く京都案内』天野太郎 監修　実業之日本社　2016
『みやこ図会ごよみ』西野由紀　人文書院　2016
『都林泉名勝図会 上』　秋里籬島　白幡洋三郎 監修　講談社　1999
『都林泉名勝図会 下』　秋里籬島　白幡洋三郎 監修　講談社　2000
『図典「大和名所図会」を読む ―奈良名所むかし案内』本渡章　創元社　2020
『『大和名所図会』のおもしろさ 』森田恭二 編著　和泉書院　2015
『『河内名所図会』『和泉名所図会』のおもしろさ』森田恭二 編著　和泉書院　2010
『上方風俗　大阪の名所図会を読む』　宗政五十緒 編　東京堂出版　2000
『図典「摂津名所図会」を読む ―大阪名所むかし案内』本渡章　創元社　2020
『大坂堂島米市場　江戸幕府 vs 市場経済』高槻泰郎　講談社　2018
『東海道名所図会を読む』粕谷宏紀　東京堂出版　1997
『名所図会を手にして東海道』福田アジオ　神奈川大学評論ブックレット　御茶の水書房　2011
『志ん生で味わう江戸情緒３　江戸の旅と交通「道中」がわかる』凡平　技術評論社　2005
『古街道を歩く』小山和　講談社　1996
『中山道を歩く』児玉幸多　中央公論社　1988
『秋里籬島と近世中後期の上方出版界』藤川玲満　勉誠出版　2014
『絵図に見る伊勢参り』旅の文化研究所　河出書房新社　2002
『落語にみる日本の旅文化』旅の文化研究所　河出書房新社　1995
『古地図・道中図で辿る　東海道中膝栗毛の旅』人文社　2006
『探訪 日本の歴史街道』楠戸義昭　三修社　2006
『思いもよらぬ空間芸術 金刀比羅宮の美術』伊藤大輔　小学館　2004
『北前船寄港地ガイド』加藤貞仁　無明舎出版　2017
『江戸の旅と交通』竹内誠 監修　学研プラス　2003
『日本の街道ハンドブック』竹内誠　三省堂　2006
『人と物の旅百科１ 御利益をねがって』岩井宏實　河出書房新社　1999
『旅と祈りを読む　道中日記の世界』西海賢二　臨川書店　2014
『原寸復刻　江戸名所図会』石川英輔・田中優子 監修　評論社　1996
『江戸名所図会』全六冊　角川文庫　鈴木棠三・朝倉治彦 校注　1968
『江戸名所図会を読む』川田壽　東京堂出版　1990
『続 江戸名所図会を読む』川田壽　東京堂出版　1995
『江戸の居酒屋』伊藤善資 編著　洋泉社　2017
『増補版　尾張名所図会　絵解き散歩』前田栄作　風媒社　2013
『和歌山県の歴史』小山靖憲ほか 編　山川出版社　2015
『特別展　弥次さん喜多さん旅をする』（図録）大田区立郷土博物館　1997
『淀川舟游』（図録）　摂南大学・大阪市立住まいのミュージアム（大阪くらしの今昔館）　2015
『特別展　江戸の食文化』（図録）練馬区立石神井公園ふるさと文化館　2014
『日本橋　～描かれたランドマークの四〇〇年～』（図録）江戸東京博物館　朝日新聞社　2012
『特別展　病退散 ―江戸の知恵と医術―』（図録）練馬区立石神井公園ふるさと文化館　2019
『大坂蔵屋敷　天下の台所はここから始まる』（図録）大阪市立住まいのミュージアム（大阪くらしの今昔館）　2017
『大田区 海苔物語』（図録）大田区立郷土博物館　1993
『馬琴と月岑　―千代田の“江戸人”―』（図録）千代田区教育委員会　2015

著者　深光富士男（ふかみつ ふじお）

1956年、山口県生まれ島根県出雲市育ち。日本文化歴史研究家。光文社雑誌記者などを経て、1984年に編集制作会社プランナッツを設立。現在は歴史や文化に主軸をおいたノンフィクション系図書の著者として、取材・執筆を行っている。著書に『京都・大坂で花開いた元禄文化』『江戸で花開いた化政文化』『面白いほどよくわかる浮世絵入門』『旅からわかる江戸時代（全3巻）』『明治まるごと歴史図鑑（全3巻）』『はじめての浮世絵（全3巻）』〔第19回学校図書館出版賞受賞〕（以上、河出書房新社）、『明治維新がわかる事典』『日本のしきたり絵事典』『あかりの大研究』（以上、PHP研究所）、『金田一先生の日本語教室（全7巻）』『日本の年中行事（全6巻）』（以上、学研プラス）、『自然の材料と昔の道具（全4巻）』（さ・え・ら書房）、『このプロジェクトを追え！（シリーズ全9巻）』（佼成出版社）など多数。本文執筆に『すっきりわかる！ 江戸〜明治 昔のことば大事典』（くもん出版）がある。

画像協力（順不同・敬称略）

国文学研究資料館
国立国会図書館

装丁・本文レイアウト
田中晴美
編集制作
有限会社プランナッツ

図説　江戸の旅　名所図会の世界

2021年9月20日　初版印刷
2021年9月30日　初版発行

著　者　深光富士男
発行者　小野寺優
発行所　株式会社河出書房新社
〒151-0051　東京都渋谷区千駄ヶ谷2-32-2
電話　03-3404-1201（営業）
03-3404-8611（編集）
https://www.kawade.co.jp/
印刷・製本　凸版印刷株式会社

Printed in Japan
ISBN978-4-309-22831-0